For Chinese

韩国语必需词汇 6000

李在郁 编著

英语和汉语作为世界性语言展现其威姿的时候，韩国语一直停留在地区语言的水平。但是，最近东南亚以及世界各国经过韩流的猛吹，学习韩国语的热情越来越高涨。

在中国，韩国语已经超过日语成了第二外语，在中国大学韩国语成为热门学科，因为韩国语系的学生一升2年级就确保了就业单位。同样在日本，随着韩国电视剧的热播，学习韩国语的人数在增加，这是非常令人鼓舞的。现在，韩国语在整个东南亚成为主要的外语，其地位越来越坚固。

这样的趋势下，韩国的各大学也在东南亚开设韩国语教育中心，不遗余力地为韩文的国际化努力。

序言
Foreword

　　但是一直到几年前，韩国语都没有像样的值得参考的整套教材。最近，300 多种韩国语教材进入市面，在国内建立韩国语教育中心等，为促进韩国语普及创造了有利的条件。

　　笔者在中国居住 10 年多，在各大学和私设教育机构教过韩国语，一直为开发适用于外国人的韩国语教材而努力。

　　要学好一门外语，首先要了解基本的语法体系，然后再增加词汇量，这无疑是最快的方法了。如果把语言比喻成建筑，那么语法是设计图，词汇就是砖块。这本书是为了给大家提供这些砖块而编写的。

要增加词汇量，就得先掌握词性概念。这样才能掌握句子中的功能，而且背好的单词也不容易忘掉。本辞典在每个单词前面都注明了词性，便于学习者掌握。

其次，本辞典将'国立国语院'选定的6000个单词，按照使用频度用ABC进行分类。如果读者学习韩国语只是因为有趣，那么只要掌握A级的1087个单词，就能进行基本的对话了。希望到韩国留学或要就职韩资企业的学生就得把6000个单词全部掌握。

希望大家用词汇这个多彩的砖块建设美丽的家。

Explanatory Notes

1 本书将'国立国语院'按频度选定的6000个单词按가나다字母顺序进行了分类整理。这是学习韩国语的外国人必须要掌握的单词。

2 所有的单词都按使用频度分成最常用的A级用1087个，B级用2111个，C级用2872个，只要熟练掌握C级单词就能应考韩国语能力考试6级。

3 所有的单가나다字母顺序分类整理，便于检索。

4 '하다'型名词，在单词后面加(하)，以示能转换成动词。例) 가능(可能)(하)

5 汉字语的单词后面注明了汉字，以帮助
中国和日本的读者记忆。例) 가격(價格)

6 对于有多种意思的单词，用❶, ❷等编号
分开来进行说明。

7 对于外来语单词，注明了相应的外语。
例) 가이드(guide)

8 写法和读法不一样时，在[ ]里面注明了
读法。

韩国语能力考试相关链接:

1. 韩国语能力考试(TOPIK)http://www.topik.or.kr/

2. 世界韩国语认证考试(KLPT)http://klpt.org

3. 韩国语水平考试(KLT)http://www.kltkorea.com

外国人必知的

韩国语必需词汇 6000

韩国语的语法特点和词性

不懂母语的人无法学习外语。就是说，要具备对语言最起码的理解，才能学习其他外语。换句话说，学习外语的第一个阶段就是理解母语和外语的差异。现在，我们来看一下韩国语和您的母语有什么差异。

1 韩国语的语法特点

1 元音和谐现象

元音可以分为阳性元音和阴性元音。阳性元音(ㅏ·ㅑ·ㅗ·ㅛ)跟阳性元音搭配，阴性元音(ㅓ·ㅕ·ㅜ·ㅠ)跟阴性元音搭配，这种现象叫做元音和谐现象。这种现象在象声词或拟态词中特别明显。 例 펄럭펄럭, 찰싹찰싹, 얼룩덜룩, 깎아, 꺾어 등

2 头音规律

(1) 忌讳单词的开头有'ㄹ'或'ㄴ'。

例 력사→역사, 녀자→여자

(2) 在用韩文书写外来语时，头一个字不能叠加辅音。所以添加'ㅡ'音。

例 strike→스트라이크, prime→프라임

③ 修词放在被修饰的单词前面。

修词在前面修饰后面的词。

例 빨리 간다, 착한 사람

④ 具有'主语 + 宾语 + 谓语'的结构。

和英语和汉语不同，在韩国语里面宾语在谓语的前面。

例 나는 학교에 간다, 동생이 밥을 먹는다.

⑤ 形容词发达。

形容事物形态的形容词非常发达。这在其他外语里是不多见的。

例 파랗다, 파릇파릇하다, 파르스름하다

⑥ 敬语发达。

敬语繁多对于外语学习者来说，是非常头疼的事情。只有准确使用敬语，才可以称得上是真正会韩国语。

例 간다, 가시오, 가세요, 가십시오, 가시게, 가게, 가시지요

⑦ 辅音同化现象。

单词中前一个字的最后一个辅音和后一个字的

第一个辅音相遇时，其中一个受影响而变成和另一个相同或相似的音，或两边互相影响而都发生改变。这样的现象叫做辅音同化现象。

例 밥물→밤물, 종로→종노, 섭리→섬니, 신라→실라

⑧ **汉字词和外来语很多。**

韩国语中汉字词占一半以上。其次受西方文化的影响，外来语的使用也非常广泛。这一点非常有利于中国学生和日本学生对韩国语单词的学习。

例 학교(學校), 정치(政治), 문화(文化), 컵(cup), 텔레비전(television)

⑨ **谓词的变化多。**

动词和形容词使用基本型比较少，一般都会根据实际情况改变词尾。我们可以通过词尾的变化理解句形和意思。

가다(基本型)

갑니까?(疑问型)

갑시다(请求型)

가시오(命令型)

가지 마십시오(禁止)

가면(假设)

가도(条件)

갈수록(递进)

가든지(选择)

⑩ 格助词发达

韩国语句子的基本语序虽然是'主语+宾语+谓语'，但位置比较自由。这是因为格助词发达。在汉语里，单词的句子成分由所处的位置决定，而韩国语单词的句子成分是由格助词决定的。

主格助词(이 / 가, 께서)
宾格助词(을 / 를)
定格助词(의)
副格助词(에, 에게, 께, 에게, 에게서)
接续助词(과 / 와, 하고)
呼格助词(아 / 야)
补助词(은 / 는, 도, 마저, 부터)

语法学习都是从词性开始的。下面我们来看一下韩国语中有哪些词性，并了解语法用语。

② 韩国语的词性

词性是指将性质相同的单词集合在一起的单词群。词性按单词所具有的功能，形态，意思来分类。韩国语中一般分为名词、代词、数词、动词、形容词、冠词、副词、叹词、助词等9个词性。词性按独立性的有无分为实词和虚词，助词属于虚词，其他都是实词。

还有，形态变化的叫谓词，形态不变化的叫体词，修词。如下图所示。

独立性	形态	功能	意义
实词(独立词)	不变词	体词	名词
			代词
	可变词	谓词	动词
			形容词
	不变词	修词	冠词
			副词
	不变词	独立词	叹词
虚词(依存词)	–	关系词	助词

③ 必须要掌握的语法用语

语素 / 短语，词组 / 分句

单词 / 句子 / 文章 / 句子成分

句子成分		
主要成分	附属成分	独立成分
主语	定语(冠形语)	独立语
谓语(叙述语)	状语(副词语)	
宾语(目的语)		
补语		

❶ 主语

句子中成为施事者的词。体词后加主格助词而形成。'하늘이 높다'中 '하늘'是主语。充当主语的主要有名词，代词，数词。

❷ 谓语

句子中叙述主语的动作，状态，性质等的词。
充当谓语的主要是动词,形容词。'자동차가 달린다, 꽃이 예쁘다'中 '달린다', '예쁘다'是谓语。

❸ 宾语

句子中，用及物动词表示的动作或受其作用的词。体词的后面要带宾格助词。'책을 읽다'中 '책'是宾语。充当宾语的主要有名词，代词，数词。

❹ 补语

如果句子中只用主语和谓语时意思不完整，就可以用一些词来补充说明，这样的词叫补语。如果谓语为 '되다', '아니다' 等，必须要带补语。'물이 얼음이 되다', '그는 천재가 아니다' 中 '얼음', '천재'是补语。

❺ 定语

句子中位于体词前,修饰体词的词叫定语。'예쁜 학생'中 '예쁜'是定语。

⑥ **状语**

在句子中主要修饰谓词，有时还会修饰冠词、副词
或整个文章的词叫状语。'몹시 춥다'中'몹시'是状语。

⑦ **独立语**

在句子中跟主要成分或附属成分没有直接关系，从
句子中脱离出来并修饰整个句子或分句的词叫独立
语。主要有叹词，指示词，称谓词，连词等。'이런,
열쇠를 잊어버렸잖아.'中'이런'是独立语。

⑧ **词干**

谓词的活用中不变部分的语素。
例 '잡다, 잡아, 잡으니'中'잡'

⑨ **词尾**

连接谓词或谓格助词的词干，按情况变成各种不同
的形态，以此表示语法关系的部分。
例 읽(词干)+다(词尾)　읽(词干)+습니다.(词尾)
　　읽(词干)+습니까?(词尾)
　　읽(词干)+을수록(词尾)

关于韩国语的语法特点和词性就说到这里。下一章
开始，将韩国语按照词性来分类整理并进行说明。

1 名词的定义

表示事物名称的词

2 名词的特点

❶ 形态是固定不变的。

❷ 受到定语的修饰。

새 가방 , 아름다운 아가씨

❸ 后面带助词，成为各种句子成分。

主语 : 이 가방이 무겁다.

谓语 : 이것은 누나의 가방이다.

宾语 : 아버지가 새 가방을 사 오셨다.

补语 : 이것은 가방이 아니다.

定语 : 가방의 끈이 떨어졌다.

状语 : 너의 가방에 담아라.

独立语 : 가방, 그것은 학생에게 꼭 필요한 물건

이다.

3 名词的种类

① 按照使用范围

一般名词：表示一般事物名称的名词

例 학교, 사랑, 선생님

固有名词：表示特定的人或事物名称的名词

例 동대문, 마이클, 중국, 삼국지

② 按照独立性的有无

独立名词：不需要其他词帮助的名词

例 동대문, 선생님, 사람

依存名词：带有名词的性质，但其意思是形式上的，只有依靠别的词才能发挥功能的名词，也叫不完全名词

例 분, 뿐, 것, 수, 데, 줄

3 代词

1 代词的定义

代替人、事物或场所名称的词。

2 代词的特点

① 形态固定不变。

② 加助词，成为各种句子成分。

③ 用在代词前面的定语较少。

착한 당신, 내가 읽던 그것, 아무 이것(×)

3 代词的种类

① 人称代词：表示人的代词

第 1 人称：指说话的人

例 나, 우리, 저, 저희

第 2 人称：指听别人说话的人

例 너, 너희, 자네, 그대, 당신

第 3 人称：指说话人和听者以外的其他人

例 이분, 저분, 그분, 이이, 저이, 그이, 누구, 아무

❷ 指示代词 : 指示事物或场所的代词

分 类	事物代词	处所代词
近称	이것	여기
中称	그것	거기
远称	저것	저기
未指称	무엇, 어느 것	어디
否定称	아무것	아무데

(1) 이, 그, 저

后面有助词或依存名词时是代词, 没有就是冠词。

例 그가 온다. (代词)/ 저 사람(冠词)

表示离说话人近, 离听者远的东西时使用 '이'。

例 이것이 바로 제가 쓴 책입니다.

表示离说话人和听者都远的东西时, 使用 '저'。

例 저것은 누구의 책인가요?

表示离说话人远, 离听者近的东西时使用 '그'。还有, 表示说话人和听者都知道但现在看不见的事物或场所。

例 어제 만났던 그 장소에서 다시 만납시다.

(2) 이리, 그리, 저리

这些不是代词, 而是副词。因为后面不能
带助词。

例 이리가(×), 그리를(×)

4 数词

❶ 数词的定义
表示事物的数量或顺序的词

❷ 数词的特点
① 形态固定不变。

② 加助词成为各种句子成分。

③ 不能受冠词或谓词的修饰。

　例 새 하나(×), 큰 둘(×)

❸ 数词的分类
① **量数词 : 表示数量的数词**

　(1) 固有语系 : 하나, 둘, 셋, 넷, 다섯…

　(2) 汉字语系 : 일, 이, 삼, 사, 오, 육…

② **序数词 : 表示顺序的数词**

　(1) 固有语系 : 첫째, 둘째, 셋째, 넷째…

　(2) 汉字语系 : 제일, 제이, 제삼, 제사…

④ 数词和冠词

① 数词：后面可以带助词。

例 둘보다 하나가 적다.

② 冠词：后面带表示单位的名词。

例 사과 한 개를 샀다.

⑤ 数词和代词

① 数词：表示句子中的一个对象。

例 사과 하나를 샀다.(表示'사과')

② 代词：表示句子之外的叙事地点。

例 철수가 거기에 있다.('거기'句子里没出现)

❁ 体词的复数

在可数名词和代词后面加后缀'–들'表示复数。

例 학생들이 운동장에 있다.

体词：

❶ **体词的定义**：名词，代词，数词的总称。

❷ **体词的特点**

　❶ 在句子中位于主体的位置。

　❷ 形态是固定不变的。

　❸ 后面加助词之后在句子中起各种作用。

　❹ 受定语的修饰。

　- 名词：受冠词，冠词型的修饰。

　- 代词：只受冠词的修饰。

　- 数词：不受冠词，冠词型的修饰。

5　动词

❶ 动词的定义

表示事物的动作或作用的词。

❶ 动作：人的活动

例 가다, 오다, 노래하다, 사랑하다, 생각하다

❷ 作用：自然的活动

例 뜨다, 새다, 흐르다, 피다, 죽다, 늙다, 닮다

$$
\text{动词} \begin{cases} \text{动作 - 人的活动} \\ \text{作用 - 自然的活动} \end{cases}
$$

谓词

❶ 谓词的定义

句子中具有叙述主体功能的词，动词和形容词属于谓词。

❷ 谓词的特点

❶ 形态随着用法改变。

❷ 在句子中主要充当谓语。

❸ 可以分为表示意思的词干和表示语法关系的词尾。

❸ 谓词的活用

❶ 活用：一个词干后面加各种不同的词尾，使说话的形式改变。

　① 词干: 活用时不变的部分，表示意思。

　② 词尾: 活用时改变的部分，表示语法关系。

　③ 基本型: 词干加词尾'-다'的词，词典中表示的单词形态。

❷ 活用语

活用的单词。动词，形容词和谓格助词都属于活用语。

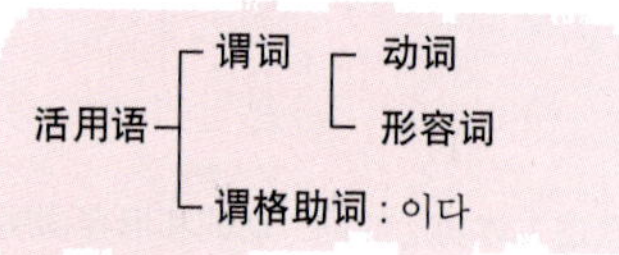

❸ 活用的种类

　① **终结型**：结束句子的活用形态。有陈述型，疑问型，命令型，请求型，感叹型等。

　例 철수가 간다. 철수가 가냐? 철수야, 가거라. 철수

26

야, 가자. 철수가 가는구나.

② **连结型**：连结句子的活用形态。有平等的，领属的，补助的连结形式。

例 비가 오고, 바람이 분다. 비가 오면, 꽃이 핀다. 비가 오고 있다

③ **转成型**：改变句子功能的活用形态。有名词型和冠词型。

例 집에 가기가 어렵다. 집에 가는 차가 몇 번이냐?

④ **关于谓格助词 '-이다'**

① 加在体词后面，使它变成谓语。

② '-이다' 的 '-이-'可以省略。

　　例 그것은 소(이)다.

③ 活用形态跟形容词相似，有时会添加 '로'。

　　例 이제는 가을이로군.

⑤ **活用形态**

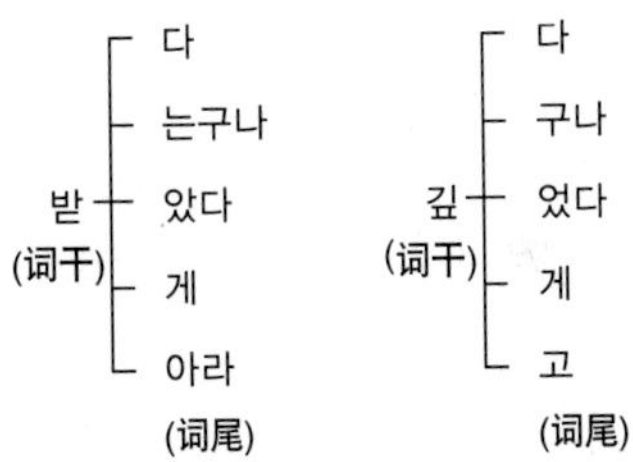

㉣ ‘르’不规则

词干末音‘르’在元音词尾前‘으’被脱落, 词干中增加‘ㄹ’

例 흐르다, 흐르고, 흐르지, 흘러서, 흘러가, 흘렀다

‘르’不规则谓词 : 가르다, 나르다, 흐르다, 고르다

‘르’规则谓词 : 따르다, 치르다, 다다르다, 들르다

6 形容词

① 形容词的定义

表示事物的性质或状态。

② 形容词的种类

① 形状形容词：表示性质或状态的形容词

(1) 性质(客观形容词)：词干后不可加-아/어하다' 例 꽃이 붉다. (→꽃이 붉어한다.(×))

(2) 状态(主观形容词)：词干后可加-아/어하다' 例 나는 꽃이 좋다. (→나는 꽃을 좋아한다.(○))

② 指示形容词：带有指示性的形容词
例 이러하다, 저러하다, 그러하다

③ 动词和形容词的辨别

① 词干后加 '-는다', '-ㄴ다'

먹다 – 먹는다(○) →동사

높다 – 높는다(×) →형용사

그리다 – 그린다(○) →동사

그립다 – 그립는다(×) →형용사

❷ 词干后加命令型 '-아라', '-어라'.

먹다 - 먹어라(○) →동사

그리다 - 그려라(○) →동사

높다 - 높아라(×) →형용사

그립다 - 그리워라(×) →형용사

(감탄형은 가능하다)

4 动词和形容词的区别

动词和形容词都会有形态的改变, 所以有 '어간+-다'
的基本形态. 因此有基本形态的只有动词和形容词.

❶ 取 '-ㄴ다/-는다' 就是动词.

❷ 以基本形可以完全叙述也是动词.

밥을 먹다.(×) →동사

꽃이 아름답다.(○) →형용사

❸ '-아라/어라' 在动词里是当作命令型, 形容词
为感叹词.

밥을 먹어라.(명령) →동사
산이 높아라.(감탄) →형용사

7 冠形词

① 冠形词的定义

放在体语前面衬托该句。

② 冠形词的特点

① 形态被固定所以不能活用

② 无论在何时都不会跟着助词

③ 在句子里也只用做冠形词

④ 作为独立品词跟别的句子是分开写的

③ 冠形词的分类

① **形状冠形词**：衬托体语的性质或形态的冠形词

例 새, 헌, 첫, 옛, 윗, 뒷, 온, 뭇, 한, 온갖, 갖은, 외딴, 오른, 왼, 참, 거짓……

② **指示冠形词**：带有指示性性质的冠形词

例 이, 그, 저, 요, 고, 조, 이런, 저런, 그런, 무슨, 어느, 딴, 아무……

③ **数冠形词**：

表示后面跟来的名词的数量的冠形词

例 한, 두, 세(석), 네(넉), 다섯, 여섯, 일, 이, 삼, 반, 전(全), 총(總)……

4 冠形词和谓语的冠形词

❶ 冠形词

(1) 不可以表示实时态. 例 새(시제가 없음)

(2) 不可活用.

(3) 品词本身就是冠形词.

(4) 只有修饰功能.

❷ 谓语的冠形词形

(1) 可以表示时态. 例 새로운(현재), 새로울(미래)

(2) 谓语的活用型.

(3) 品词不是冠形词.

(4) 同时具有修饰功能和叙述功能.

5 定语和冠形词

❶ 定语：修饰体语的句子成分

❷ 冠形词：定语中不跟助词结合, 而且也没有词尾的变化

例子	词类	句子成分
새 집	冠形词	定语
나의 집	代词＋助词	定语
높은 집	词干＋词尾	定语

6 '다른'的品词

① 有叙述功能→形容词

例 이것과 저것은 <u>다른</u> 책이다. ('저것은'의 서술어)

② 没有叙述功能→冠形词

例 <u>다른</u> 책을 보자.

7 冠形词和词缀

① **冠形词**:作为独立的单词跟体语分开着写.

例 새 책

② **词缀**:没有独立性所以不能分开写. 例 맨손

例 '새 옷', '순 우리말'中 '새', '순'

8 副词

1 副词的定义

主要修饰谓语可以更加体现出其含义。

2 副词的特点

① 形态被固定所以不能活用。

② 不能采用补助词。

③ 主要修饰谓语，而且还有其他功能。

④ 在句子里作副词，但是在连结句子的时候为独立词。

3 副词的分类

① 成分副词：主要修饰一个句子成分的副词

(1) 形状副词：表示状态或程度的副词

(2) 指示副词：在场所或时间及句子里面指示事实的副词

(3) 否定副词：以否定方式修饰谓语的副词

形态副词

例 잘, 급히, 가만히, 일찍, 이미, 갑자기, 너무, 퐁당, 출렁출렁, 옹기종기……

指示副词

例 이리, 저리, 그리, 오늘, 내일, 어제……

否定副词

例 아니(안), 못……

❷ **句子副词** : 修饰的副词

(1) **样态副词** : 表示说话人的态度，能判断整个句子的副词。

例 과연, 설마, 만약, 제발, 진실로, 정녕……

(2) **连接副词** : 连接句子成分和文章的副词

例 그리고, 그러나, 및, 또는, 왜냐하면……

4 副词的功能

❶ 修饰谓语

例 글씨를 빨리 쓴다.(**动词**)

강이 매우 깊다.(**形容词**)

❷ 修饰冠形词，副词

例 몹시 헌 책이다.(**形容词**)

매우 빨리 달린다.(**副词**)

❸ 修饰体语

例 조금 뒤에 보자.(**名词**)

바로 그가 범인이다.(**代名词**)

겨우 하나를 만들었다.(**数词**)

❹ 修饰词组或短语

例 오로지 그의 덕택으로 살았다.(**词组**)

❺ 修饰全文

例 제발, 그만 두십시오.(**句子**)

9 感叹词

① 感叹词的定义

表示讲话的人的称呼，感觉，惊讶或回答的词

② 感叹词的特点

① 形态被固定所以不能活用

② 如果没有跟着助词，在句子里就是独立词。

③ 主要放在句子的开头或者根据情况可以放在句子的中间

③ 感叹词的区分

① 感情 例 아, 아차, 아하, 허허, 아이고, 예끼, 아무렴

② 意志 例 어라, 자, 천만에, 옳지, 좋다, 그렇지, 옜다

③ 称呼 例 여보, 여보세요, 여보게, 애

④ 回答 例 예, 그래, 오냐, 글쎄, 글쎄올시다

4 冠形词，副词，感叹词的比较

共同点
(1) 形态被固定所以不能活用
(2) 作为独立品词要跟别的词分开写
(3) 在句子里有一种功能

差异点	
冠形词	① 修饰体语
	② 不能跟助词
	③ 总是依赖于体语
	④ 在句子里的成分是定语
副词	① 修饰谓语
	② 能跟助词
	③ 可以单独成为句子
	④ 用作状语，独立语
感叹词	① 句子是独立的
	② 不能跟助词
	③ 可以单独成为句子
	④ 在句子里总是用为独立语

⑤ 感叹词的辨别

① 原则上不可以跟助词结合。

② 把 '체언+조사'的形式或固定为一个形态的就为
感叹词。
例 정말로(정말 + 로), 애(이 아이야), 웬걸(웬 것
을), 뭐(무엇)

③ 以实际的名称称呼对方时不是感叹词。
例 철수야, 학교에 가자.

④ 放在句子开头的提示语或标题语不是感叹词。
例 연필, 그것은 꼭 필요한 학용품이다.

⑤ '구구(鸡叫的声音), 이랴(牛叫的声音)等动物
的叫声不是感叹词。

⑥ 一般用名词代替一个句子时，表示讲话的意
义、惊讶或感觉的可以作为感叹词。
例 불!(불이 났다.)

10 助词

❶ 助词的定义

跟在体语后面在句子里当体语，可以让句子的意义更加突出的词。

❷ 助词的特点

① 没有自立性所以在句前使用。

② 主要跟着体语有表示语法关系或者更加突出句子的含义。

③ 可以跟副词、谓语连结的词尾或者跟其他助词结合。

❸ 助词的区分

① **格助词**

(1) 主格助词：表示主语的助词。

이 / 가, 께서, 에서(단체), 서(사람) 例 철수가 학교에 간다.

(2) 目的格助词：表示宾语的助词。

을 / 를 / ㄹ 例 앞을 똑바로 보아라.

(3) 补格助词：表示补语助词。

이 / 가 例 그는 학생이 아니다.

(4) 叙述格助词：表示叙述语的助词。

이다 例 영희는 학생이다.

(5) 冠形格助词：表示冠性语的助词。

의 例 순이의 옷은 매우 예쁘다.

(6) 副词格助词：表示副词的助词。

에, 에서, 에게 께, 한테, (으)로, (으)로서, (으)로써, 처럼, 같이, 만큼, 보다, 라고 例 이 책을 너에게 주마.

(7) 呼格助词：成为成为称呼对象的助词。

아 / 야, (이)여, (이)시여 例 철수야, 학교에 가자.

❷ **补助词**：体语不受任何格限制，用在几个句子成分之间给单词加上特别意义的助词。

例 은/는(주제, 대조), 도(역시), 만(단독), 조차(역시, 최종), 부터(시작, 먼저), 까지(도착), (이)나 (선택), 마저(종결, 역시), 밖에(더 없음), 뿐(단독)

❸ **连接助词**：可以把两个单词以同样的资格连结的助词。

와 / 과, (이)며, (이)고, 랑, 에다 例 철수와 순이는
학생이다.

4 助词的结合

❶ 助词主要跟体语。

例 배가 빨리 달린다. 우리는 산을 좋아한다

❷ 也跟副词或副词格助词，谓语后面。

例 오늘은 날씨가 몹시도 나쁘다. (부사 + 조사)

例 서울에서는 별을 보기가 매우 힘들다.(副词格助
词 + 助词)

例 그것은 마음에 들지가 않는다. (连结的词尾+助词)

❸ 助词可以跟助词结合。

(1) 格助词 + 补助词 例 나에게는 쉽지 않다.

(2) 补助词 + 格助词 例 철수까지가 합격이다.

(3) 补助词 + 补助词 例 그 책만은 보지 말아라.

5 助词的形态更换

在助词当中根据前一句是以母音结束，还是以子
音结束来更换形态。

❶ 子音 + 이, 을, 아, 으로, 은, 과……

❷ 母音 + 가, 를, 야, 로, 는, 와……

例 순이는 사과<u>와</u> 밤<u>을</u> 샀다.

　아버님<u>은</u> 밤<u>과</u> 사과<u>를</u> 사셨다.

6 副词格助词的区分

① 处所 : 에, 에서 例 학교에 있다.

② 付与 : 에, 에게, 께, 한테 例 동생에게 주었다.

③ 夺取 : 에서, 에게서, 한테서 例 형님에게서 받았다.

④ 由来 : 에서, 서 例 서울에서 오다.

⑤ 方向 : 에, (으)로, 에게로 例 바다로 가자.

⑥ 原因 : (으)로, 에 例 불에 타다.

⑦ 器具 : (으)로, (으)로써 例 칼로써 연필을 깎다.

⑧ 资格 : (으)로, (으)로서 例 학생으로서 할 일

⑨ 共同, 比较 : 와, 과, 하고, 랑

⑩ 比较 : 처럼, 같이, 만큼, 보다

⑪ 引用 : 고, 라고

7 补助词的格表示

补助词体现各种格的位置，所以表明句子成分时要把原来格找出来再表明。

① 우리<u>도</u> 자유를 원한다.

　⇒ 우리<u>가</u> 자유를 원한다.(主格)

② 우리가 책<u>도</u> 샀다.

⇒ 우리가 책<u>을</u> 샀다.(目的格)

8 助词 '와/과'的功能

助词'와/과'有比较、共同含义的副词格助词和连接助词两种。

❶ 철수<u>와</u> 순이는 학생이다. (连接助词)

❷ 순이는 철수<u>와</u> 다르다. (副词格助词)

'와/과' 像①那样在主语(或者宾语)前时是连接助词，像②在主语(或者宾语)后时是副词格助词。

9 助词的省略

❶ 表现在口语中。

❷ 表现在只有当体语资格分明时。

A	名 가게	店铺, 货摊
B	名 가격(價格)	价格, 价钱
B	名 가구(家具)	家具
C	名 가구(家口)	家
B	動 가까워지다	变近, 拉近
B	名 副 가까이	近处
A	形 가깝다[-따]	❶近 ❷接近 ❸亲近
B	動 가꾸다	❶精心管理 ❷打扮, 装饰
A	副 가끔	常常, 时常, 不时, 有时候
C	名 가난(하)	贫困, 穷
B	形 가난하다	贫困, 穷
B	形 가늘다	细, 纤细
C	名 가능(可能)(하)	可能
B	名 가능성(可能性)[-썽]	可能性
B	形 가능하다(可能-)	可能
C	動 가능해지다(可能-)	变为可能

A 動 가다　❶去, 走
　　　　　❷走(时间)过去
　　　　　❸熄灭
　　　　　❹食物(味道)跑

A 補 가다　表示进行
B 副 가득　满, 满满
B 形 가득하다[-드카-]　满, 满满
C 副 가득히[-드키]　满满地
C 動 가라앉다[-안따]　❶沉淀 ❷沉没
　　　　　❸安定

C 動 가려지다　被遮住
C 副 가령(假令)　即使, 哪怕
B 名 가로　横
C 名 가로등(街路燈)　路灯
C 動 가로막다[-따]　拦, 阻挡
C 名 가로수(街路樹)　林阴树
B 名 가루　粉, 粉末, 面儿
C 動 가르다　分, 分开
A 動 가르치다　教, 指导
C 名 가르침　教导
B 動 가리다　❶区分, 挑选

❷(小孩儿)认生

B 動 가리다 　遮盖, 遮掩

B 動 가리키다 　指, 指示

C 副 가만 　任便, 任凭, 就那样

C 動 가만있다[-마 닏따] 　(安静地)呆在那儿

B 副 가만히 　悄悄地, 静静地

C 名 가뭄 　干旱

A 名 가방 　包

A 形 가볍다[-따] 　轻, 轻便

C 名 가사(歌詞) 　歌词

C 名 가상(假想)(하) 　假想, 设想

A 名 가수(歌手) 　歌手

B 名 가스(gas) 　❶气体

❷瓦斯, 煤气

A 名 가슴 　❶胸, 胸膛 ❷心

B 名 가슴속[-쏙] 　心里

B 名 가요(歌謠) 　歌儿, 流行歌曲

A 名 가운데 　❶中间 ❷当中

B 名 가위 　剪子, 剪刀

A 名 가을 　秋天

B 名 가이드(guide) 　导游

C	名 가입(加入)(하)	加入, 参加
C	名 가입자(加入者)[-짜]	用户
C	動 가입하다(加入-)[-이파-]	加入, 参加
A	副 가장	最
C	名 가장(家長)	家长
B	名 가정(家庭)	家庭
C	名 가정(假定)(하)	假说, 假设
C	名 가정교사(家庭敎師)	家庭教师
B	動 가져가다	拿走, 带走
B	動 가져다주다	带来
A	動 가져오다	拿来, 带来
A	名 가족(家族)	❶家属, 家眷 ❷家庭
B	名 가죽	皮
B	名 가지	树枝
B	名 가지	种(量词)
A	補 가지다	表示持续
A	動 가지다	❶拿, 带 ❷具有, 有
B	名 가짜	❶假 ❷冒充, 冒牌
C	名 가치(價値)	价值

C 名 가치관(價値觀)	价值观
C 名 가톨릭(Catholic)	❶天主教 ❷天主教教徒
C 動 가하다(加-)	❶给予 ❷施加
B 冠 각(各)	❶各, 各个 ❷各种
B 副 각각(各各)[-깍]	各, 各自
B 名 각각(各各)[-깍]	各
B 名 각국(各國)[-꾹]	各国
C 副 각기(各其)[-끼]	各, 各各
C 名 각오(覺悟)(하)[가고]	精神准备, 思想准备
B 名副 각자(各自)[-짜]	各自
B 名 각종(各種)[-쫑]	各种
C 名 간	酱
C 名 간(肝)	肝
B 名 간(間)	之间
C 名 간격(間隔)	❶间隔 ❷隔阂
B 形 간단하다(簡單-)	简单
B 副 간단히(簡單-)	简单地
C 名 간부(幹部)	干部
C 名 간섭(干涉)(하)	干涉
B 名 간식(間食)	零食, 零嘴儿

C	副	간신히(艱辛-)	好不容易, 勉强地 艰难地
B	名	간장(-醬)	酱油
C	名	간접(間接)	间接
C	名	간접적(間接的)	间接的
C	名	간판(看板)	牌子, 招牌
C	形	간편하다(簡便-)	简便, 轻便
C	名	간호(看護)(하)	看护, 护理
A	名	간호사(看護師)	护士
C	副	간혹(間或)	间或, 有时
C	動	갇히다[가치-]	被关, 被囚
B	動	갈다	换, 调换, 更换
B	動	갈다	❶磨, 锉 ❷咬(牙)
C	名	갈등(葛藤)[-뜽]	纠葛, 矛盾, 芥蒂
A	名	갈비	排骨
B	名	갈비탕	排骨汤
B	名	갈색(褐色)[-쌕]	褐色
C	副	갈수록[-쑤-]	越来越
B	動	갈아입다[가라-따]	换(衣服)
B	動	갈아타다[가라-]	换乘
C	名	갈증(渴症)[-쯩]	渴, 口渴

B 图 감　　　　　　　　　柿子

C 图 감(感)　　　　　　　感觉

C 图 감각(感覺)　　　　　感觉

A 图 감기(感氣)　　　　　感冒

C 勔 감다[-따]　　　　　缠, 绕, 卷

B 勔 감다[-따]　　　　　闭(眼)

C 图 감독(監督)(하)　　　❶监督 ❷导演

B 图 감동(感動)(하)　　　感动

C 图 감동적(感動的)　　　感动的

A 图 감사(感謝)(하)　　　感谢

A 勔形 감사하다(感謝-)　　谢谢

B 图 감상(鑑賞)(하)　　　鉴赏, 欣赏

B 勔 감상하다(鑑賞-)　　鉴赏, 欣赏

C 图 감소(減少)(하)　　　减少

C 勔 감소되다(減少-)　　减少

C 勔 감소하다(減少-)　　减少

C 图 감수성(感受性)[-썽]　感性

C 勔 감싸다　　　　　　庇护, 包庇

C 图 감옥(監獄)[가목]　　监狱

B 图 감자　　　　　　　土豆, 马铃薯

B 图 감정(感情)　　　　　感情

C 名 감정적(感情的) 感情用事

C 動 감추다 ❶藏, 暗藏

❷掩饰, 遮掩

C 副 감히(敢-) 敢于, 胆敢

C 名 갑(匣) 匣, 盒

A 副 갑자기[-짜-] 忽然, 突然

C 形 갑작스럽다[-짝쓰-따] 忽然, 突然

A 名 값[갑] ❶价格, 价钱

❷价值

C 形 값싸다[갑-] 廉价, 便宜

A 名 강(江) 江, 河

C 名 강남(江南) 江南

B 名 강당(講堂) ❶礼堂 ❷佛堂

C 名 강도(强度) ❶强度 ❷硬度

B 名 강도(强盗) 强盗

C 形 강력하다(强力-)[-녀카-] 强有力

C 副 강력히(强力-)[-녀키] 强有力地

C 形 강렬하다(强烈-)[-녈-] 强烈

B 名 강물(江-) 江水, 河水

C 名 강변(江邊)) 江边, 河边

C 名 강북(江北) 江北

C 名 강사(講師)　❶讲师, 讲课人

　　　　　　　　❷讲解员

C 名 강수량(降水量)　降水量

B 名 강아지　小狗

C 動 강요하다(强要-)　强迫, 强制

B 名 강원도(江原道)　江原道

C 名 강의(講義)(하)[-의/-이]　❶讲授, 上课

　　　　　　　　❷一节课

C 動 강의하다(講義-)[-의/-이]　讲课

B 名 강제(强制)(하)　强制, 强迫

C 名 강조(强調)(하)　强调

B 動 강조하다(强調-)　强调

B 形 강하다(强-)　❶刚强 ❷强

C 動 강화하다(强化-)　加强

C 名 갖가지[갇까-]　种种, 各种各样,

　　　　　　　　各式各样

B 動 갖다[갇따]　❶拿, 带 ❷拥有

B 補 갖다[갇따]　❶拿, 带 ❷拥有

C 動 갖추다[갇-]　❶齐备

　　　　　　　　❷具备, 完备

A 形 같다[갇따]　❶一样

❷相同, 同一

❸仿佛, 好像

A 副 같이[가치]　一起, 一道, 一块儿

C 動 같이하다[가치-]　❶一起 ❷一致

C 動 갚다[갑따]　❶报答 ❷还

A 名 개　❶狗, 犬 ❷走狗

A 名 개(個)　个, 块(量词)

C 名 개개인(個個人)　❶个体 ❷每个人

B 名 개구리　青蛙

C 名 개국(個國)　~个国家

B 名 개나리　连翘

C 動 개다　❶晴 ❷叠 ❸调匀

C 名 개미　蚂蚁

C 動 개발되다(開發-)　被开发

B 動 개발하다(開發-)　开发

C 名 개방(開放)(하)　开放

C 動 개방되다(開放-)　被开放

C 動 개방하다(開放-)　开放

C 名 개별(個別)　个别

C 名 개선(改善)(하)　改善, 改进

C 動 개선되다(改善-)　得到改善

C 動 개선하다(改善-)	改善, 改进
C 名 개성(個性)	个性
A 名 개월(個月)	个月(量词)
B 名 개인(個人)	个人
B 名 개인적(個人的)	个人的
C 名 객관적(客觀的)[-꽌-]	客观的
A 代 거	那个('그거','거기'的略形)
A 代 거기	那儿
C 副 거꾸로	倒, 颠倒
C 形 거대하다(巨大-)	巨大
C 動 거두다	❶收 ❷获得 ❸收拾 ❹养育 ❺收敛
C 動 거들다	❶协助, 帮助 ❷插嘴, 干预
C 副 거듭	重复, 再次
B 名 거리	东西(吃的, 买的)
A 名 거리	街道, 大街
C 名 거리(距離)	距离
C 動 거부하다(拒否-)	❶拒绝 ❷否决

B 名 거실(居室) 客厅

C 名 거액(巨額) ❶巨额 ❷巨款

A 名 거울 ❶镜子 ❷榜样

❸借鉴

B 副 거의 差不多, 几乎

C 動 거절하다(拒絕-) 拒绝

B 名 거짓[-짇] 假, 虚假, 虚伪

B 名 거짓말[-진-] 谎话, 谎言

C 動 거치다 ❶经过, 经历

❷挂住

C 形 거칠다 ❶粗糙

❷鲁莽, 粗鲁

❸ 荒芜

❹潦草, 草率

C 名 거품 泡, 泡沫

A 名 걱정(하)[-쩡] 担心, 忧心

B 動 걱정되다[-쩡-] 担心

B 形 걱정스럽다[-쩡-따] 担心

A 動 걱정하다[-쩡-] 担心

C 名 건(件) ❶事项 ❷件, 项

A 名 건강(健康)(하) 健康

A 形 건강하다(健康-) 　健康

C 名 건너 　对面, 对过

B 動 건너가다 　❶过 ❷度, 越

B 動 건너다 　❶渡 ❷隔 ❸过

B 動 건너오다 　过来

B 名 건너편(-便) 　对面, 对过

C 名 건넛방(-房)[-너빵/-넏빵] 　对面房间

C 動 건네다 　❶搭(话) ❷渡
　　❸交给, 交付

C 動 건네주다 　交给, 移交

C 動 건드리다 　❶碰, 触动
　　❷惹, 打扰

A 名 건물(建物) 　建筑物

C 名 건설(建設)(하) 　建设

C 動 건설되다(建設-) 　建设

C 動 건설하다(建設-) 　建设

C 形 건전하다(健全-) 　健全

C 名 건조(乾燥)(하) 　干燥, 枯燥

C 形 건조하다(乾燥-) 　干燥

B 動 건지다 　❶捞, 打捞
　　❷救出, 拯救

B 名 건축(建築)(하) 建筑

C 名 걷기[-끼] 步行

A 動 걷다[-따] 走(路)

C 動 걷다[-따] ❶收 ❷卷, 撩 ❸收拾

C 動 걷다[-따] 收(衣服)

A 動 걸다 ❶挂 ❷锁, 闩 ❸挎, 挽 ❹戴

B 動 걸리다 ❶被挂上, 被挂住 ❷绊(脚) ❸需要

A 動 걸어가다[거러-] 走过去

A 動 걸어오다[거러-] 走过来

B 名 걸음[거름] 走, 步调

C 動 걸치다 披, 搭

B 形 검다[-따] ❶黑 ❷阴险

C 名 검사(檢事) 检察官

B 名 검사(檢查)(하) 检查, 检验

A 名 검은색(-色)[거믄-] 黑色

B 名 검정색 黑色

C 名 검토(檢討)(하) 研讨, 查对

B 名 겁(怯) 胆怯, 畏惧

C 動 겁나다(怯-)[검-]	胆怯, 畏惧
A 名 것[걷]	表示事物
B 名 겉[걷]	表面, 外表
C 名 게	螃蟹
B 副 게다가	❶在那里
	❷加之, 又加上
C 名 게시판(揭示板)	布告牌
C 形 게으르다	懒惰, 偷懒
A 名 게임(game)(하)	游戏
B 副 겨우	❶好容易, 好不容易
	❷仅仅
A 名 겨울	冬天
B 名 겨울철	冬季
C 名 겨자	❶芥菜 ❷芥末
C 動 겪다[격따]	经受, 经历
B 動 견디다	耐用, 坚持
C 名 견해(見解)	见解
B 名 결과(結果)	结果
C 名 결과적(結果的)	结果的
B 名 결국(結局)	结果, 终究
C 名 결론(結論)	结论

C	名	결석(缺席)(하)[-썩]	缺席
C	動	결석하다(缺席)[-써카-]	缺席
C	名	결승(決勝)(하)[-씅]	决赛
C	名	결심(決心)(하)[-씸]	决心
B	動	결심하다(決心-)[-씸-]	决心
B	名	결정(決定)(하)[-쩡]	决定
B	動	결정되다(決定-)[-쩡-]	被决定
B	動	결정하다(決定-)[-쩡-]	决定
C	副	결코(決-)	并(不), 决(不)
A	名	결혼(結婚)(하)	结婚
A	名	결혼식(結婚式)	结婚典礼
A	動	결혼하다(結婚-)	结婚
C	名	경계(境界)	境界
C	名	경고(警告)(하)	警告
C	動	경고하다(警告-)	警告
C	名	경기(景氣)	景气
B	名	경기(競技)	比赛, 运动比赛
B	名	경기도(京畿道)	京畿道
B	名	경기장(競技場)	赛场, 运动场
C	名	경력(經歷)[-녁]	经历
A	名	경복궁(景福宮)[-꿍]	景福宫

C	名 경비(經費)	经费
B	名 경상도(慶尙道)	庆尚道
B	名 경영(經營)(하)	经营
C	動 경영하다(經營-)	经营
B	名 경우(境遇)	境遇, 情况, 环境
C	名 경쟁(競爭)(하)	竞争, 竞赛
C	名 경쟁력(競爭力)[-녁]	竞争力
B	名 경제(經濟)	经济
C	名 경제력(經濟力)	经济力量
B	名 경제적(經濟的)	❶经济的 ❷经济, 省钱
C	名 경제학(經濟學)	经济学
A	名 경주(慶州)	庆州
A	名 경찰(警察)	警察
A	名 경찰관(警察官)	警官
A	名 경찰서(警察署)[-써]	警察局, 公安局
A	名 경치(景致)	风景, 景色
C	名 경향(傾向)	倾向
B	名 경험(經驗)(하)	经历
B	動 경험하다(經驗-)	经验
B	名 곁[곁]	旁边, 侧

C	名 계곡(溪谷)[게-]	山谷, 峡谷
B	名 계단(階段)[게-]	阶梯, 楼梯
A	名 계란(鷄卵)[게-]	鸡蛋
B	名 계산(計算)(하)[게-]	计算
B	名 계산기(計算器)[게-]	计算机
B	動 계산하다(計算-)[게-]	计算
A	名 副 계속(繼續)(하)[게-]	继续, 连续
B	動 계속되다(繼續-)[게-]	继续
B	動 계속하다(繼續-)[-게소카-]	继续
A	補 계시다[게-]	表示进行('있다'的尊称)
A	動 계시다[게-]	在('있다'的尊称)
B	名 계약(契約)(하)[게-]	契约, 合同
A	名 계절(季節)[게-]	季节
C	名 계좌(計座)[게-]	账户
C	名 계층(階層)[게-]	阶层
A	名 계획(計劃)(하)[게-]	计划
B	動 계획하다(計劃-)[-게회카-]	计划
B	名 고개	❶后颈 ❷头
C	名 고개	❶山岭, 山岗

ㄱ

B 名 고객(顧客)   顾客, 客户

B 名 고교(高校)   高中

C 名 고구려(高句麗)   高句丽

B 名 고구마   地瓜, 红薯

C 名 고궁(古宮)   故宫

B 名 고급(高級)   高级

C 形 고급스럽다(高級-)[-쓰-따] 高级

A 名 고기   肉

A 名 고등학교(高等學校)[-꾜]   高中

A 名 고등학생(高等學生)[-쌩]   高中生

C 名 고려(高麗)   高丽

B 動 고려하다(考慮-)   考虑

B 動 고르다   选择, 选拔

B 形 고르다   平均, 均匀

A 形 고맙다[-따]   谢谢

B 名 고모(姑母)   姑姑

B 名 고모부(姑母夫)   姑父

C 名 고무신   胶鞋

B 名 고민(苦悶)(하)   苦闷

B 動 고민하다(苦悶-)   苦恼

B 名 고생(苦生)(하)　❶辛苦, 辛劳

❷苦难的生活

B 動 고생하다(苦生-)　吃苦, 辛苦

C 形 고소하다　❶香, 香喷喷

❷令人欣慰

B 名 고속(高速)　高速

B 名 고속도로(高速道路)　高速公路

B 名 고속버스(高速bus)　高速巴士

A 名 고양이　猫

C 形 고요하다　静静, 寂静

C 副 고작　仅仅, 只

B 名 고장　❶地方

❷故乡, 家乡

❸产地

B 名 고장(故障)　❶故障, 事故

❷障碍

C 名 고전(古典)　❶古典 ❷经典

C 名 고집(固執)(하)　固执

C 動 고집하다(固執-)[-지파-]　固执

B 名 고추　辣椒

B 名 고추장(-醬)　辣椒酱

B 名 고춧가루[-추까-]	辣椒面儿
B 動 고치다	❶修理 ❷纠正, 改
B 名 고통(苦痛)	苦痛, 痛苦
C 形 고통스럽다(苦痛-)[-따]	痛苦
A 形 고프다	饿
C 名 고함(高喊)	高喊, 大叫
A 名 고향(故鄉)	故乡, 家乡
C 名 곡(曲)	曲调
C 名 곡식(穀食)[-씩]	粮食
C 形 곤란하다(困難-)[골-]	困难
A 副 곧	❶立刻, 立时 ❷就是, 换句话说
C 形 곧다[-따]	❶直 ❷正直
B 副 곧바로[-빠-]	❶一直, 径直 ❷坦率, 如实
C 副 곧이어[고디-]	接着, 径直
C 副 곧잘[-짤]	❶相当好 ❷常常, 经常
C 副 곧장[-짱]	一直
C 名 골(goal)	❶球门 ❷决胜点
C 副 골고루	平均, 均匀

B	名 골목	小巷, 胡同
B	名 골목길[-낄]	小巷
C	名 골짜기	山谷, 峡谷
C	名 골치	脑袋, 脑瓜子
B	名 골프(golf)	高尔夫球
B	名 골프장(golf場)	高尔夫球场
B	名 곰	熊
B	形 곱다[-따]	❶好看, 漂亮 ❷善良 ❸好听
A	名 곳[곧]	地方, 场所, 处所
B	名 곳곳[곧 꼳]	到处, 处处
A	名 공	球
B	名 공간(空間)	空间
C	名 공개(公開)(하)	公开
C	動 공개하다(公開-)	公开
C	名 공격(攻擊)(하)	❶攻击 ❷进攻
C	動 공격하다(攻擊-)[-겨카-]	攻击
C	名 공공(公共)	公共
C	名 공군(空軍)	空军
C	名 공급(供給)(하)	供给, 供应
C	名 공기(空器)	❶空器皿 ❷饭碗

B	名	공기(空氣)	空气
B	名	공동(共同)	共同
B	名	공무원(公務員)	公务员, 公职人员
A	名	공부(工夫)(하)	学习, 念书
A	動	공부하다(工夫-)	学习, 念书
B	名	공사(工事)(하)	工事, 工程
C	名	공식(公式)	❶正式 ❷公式
C	名	공식적(公式的)	正式的
C	名	공업(工業)	工业
B	名	공연(公演)(하)	公演, 演出
C	動	공연되다(公演-)	公演
C	名	공연장(公演場)	演出地点
C	動	공연하다(公演-)	公演, 演出
C	副	공연히(空然-)	空, 白白地, 枉然
A	名	공원(公園)	公园
B	名	공장(工場)	工厂, 工场
C	名	공주(公主)	公主
C	名	공중(空中)	空中
A	名	공중전화(公衆電話)	公用电话
B	名	공짜(空-)	免费
A	名	공책(空冊)	本子, 笔记本

C	名	공통(共通)	共同, 共通
C	動	공통되다(共通-)	共通, 共同
C	名	공통적(共通的)	共通的
C	名	공통점(共通點)[-쩜]	共同点
C	名	공포(恐怖)	恐怖
A	名	공항(空港)	机场
B	名	공항버스(空港bus)	机场巴士
C	名	공해(公害)	公害
A	名	공휴일(公休日)	公休日
C	名	과(科)	科, 专业
A	名	과(課)	❶科 ❷(第几)课
C	名	과거(科擧)	科举
B	名	과거(過去)	过去
B	名	과목(科目)	课, 课程
C	副	과연(果然)	的确, 真
C	名	과외(課外)	❶课外 ❷额外, 业余
A	名	과일	水果
A	名	과자(菓子)	点心, 糖果
B	名	과장(課長)	科主任, 科长
C	名	과정(課程)	课程

C 名 과정(過程)　　　过程

B 名 과제(課題)　　　❶课题, 问题

　　　　　　　　　❷任务

B 名 과학(科學)　　　科学

B 名 과학자(科學者)[-짜]　　　科学家

B 名 과학적(科學的)[-쩍]　　　科学的

B 名 관객(觀客)　　　观众

B 名 관계(關係)(하)[-게]　　　❶关系

　　　　　　　　　❷有关方面

C 動 관계되다(關係-)[-게-]　　　有关

C 副 관계없이(關係-)[-게업시]　　　无关地

C 名 관계자(關係者)[-게-]　　　有关人士

B 名 관광(觀光)(하)　　　观光

B 名 관광객(觀光客)　　　观光者

C 名 관광버스(觀光bus)　　　旅游巴士

B 名 관광지(觀光地)　　　观光地, 游览地

C 名 관념(觀念)　　　观念

C 名 관람(觀覽)(하)[괄-]　　　观览, 观看, 参观

C 名 관람객(觀覽客)[괄-]　　　参观者, 旅客

B 名 관련(關聯)(하)[괄-]　　　相关, 联系

B 動 관련되다(關聯-)[괄-]　　　有关

B 動	관련하다(關聯-)[괄-]	相关
B 名	관리(管理)(하)[괄-]	管理
C 名	관리(官吏)[괄-]	官吏
C 動	관리하다(管理-)[괄-]	管理
C 名	관습(慣習)	习惯
B 名	관심(關心)(하)	关心
C 名	관심사(關心事)	关心的事情
C 名	관점(觀點)[-쩜]	观点
C 名	관찰(觀察)(하)	观察
B 動	관찰하다(觀察-)	观察
B 動	관하다(關-)	关于, 有关
C 名	광경(光景)	景象, 情景
B 名	광고(廣告)(하)	广告
C 名	광장(廣場)	广场
B 名	광주(光州)	光州
A 形	괜찮다[-찬타]	没关系, 还可以
B 副	괜히	徒然, 空, 白
C 名	괴로움	痛苦, 不舒服, 难过
C 動	괴로워하다	痛苦, 不舒服
B 形	괴롭다[-따]	痛苦, 不舒服, 难过
C 動	괴롭히다[-로피-]	使痛苦, 欺负

C	形	굉장하다(宏壯-)	❶宏伟, 巨大
			❷盛大
B	副	굉장히(宏壯-)	非常, 很
A	名	교과서(教科書)	教科书
C	名	교내(校内)	校内
C	名	교대(交代)(하)	换班, 换岗
B	名	교류(交流)(하)	❶交流 ❷交流电
B	名	교문(校門)	校门
C	名	교복(校服)	校服
C	名	교사(教師)	教师
A	名	교수(教授)	教授
C	名	교시(校時)	课时
A	名	교실(教室)	教室
C	名	교양(教養)(하)	❶教养 ❷教育
C	名	교외(郊外)	郊区
B	名	교육(教育)(하)	教育
C	名	교육비(教育費)[-삐]	教育费
C	名	교육자(教育者)[-짜]	教育者
C	名	교장(校長)	校长
C	名	교재(教材)	教材
C	名	교직(教職)	教职工

C 名교체(交替)(하)　　　交替

A 名교통(交通)　　　交通

B 名교통사고(交通事故)　　　交通事故

B 名교포(僑胞)　　　侨胞

B 名교환(交換)(하)　　　交换

C 動교환하다(交換–)　　　交换

A 名교회(敎會)　　　教会

C 名교훈(敎訓)　　　❶教导 ❷教训

A 數구(九)　　　九

C 名구(區)　　　区

A 名구경(하)　　　观看, 参观, 游逛

B 動구경하다　　　观看

A 名구두　　　皮鞋

C 動구르다　　　滚

A 名구름　　　云

B 名구멍　　　❶孔, 洞, 眼

　　　❷漏洞

C 名구별(區別)(하)　　　区别, 分辨

C 動구별되다(區別–)　　　区别, 分辨

C 動구별하다(區別–)　　　区别, 分辨

C 名구분(區分)(하)　　　区分, 分类

C	動	구분되다	被分类
C	動	구분하다(區分-)	区分, 分类
C	名	구석	隅, 角落, 旮旯
C	名	구석구석	每个角落, 到处
C	名	구성(構成)(하)	❶构成 ❷结构
C	動	구성되다(構成-)	构成
C	動	구성하다(構成-)	构成
C	名	구속(拘束)(하)	拘束, 限制
C	動	구속되다(拘束-)	被拘束, 被拘留
C	動	구속하다(拘束-)	拘留, 限制
A	數	구십(九十)	九十
C	名	구역(區域)	❶区域 ❷区
A	名	구월(九月)	九月
C	名	구입(購入)(하)	购进, 买进
C	動	구입하다(購入-)[-이파-]	购进, 买进
C	名	구조(構造)	构造, 结构
C	名	구청(區廳)	区政府
B	名	구체적(具體的)	具体的
B	動	구하다(救-)	救, 救济, 救命
B	動	구하다(求-)	求, 寻找, 寻求
B	名	국	汤

B 名국가(國家)[-까]   国家

C 名국가적(國家的)[-까-]   国家的

B 名국기(國旗)[-끼]   国旗

B 名국내(國內)[궁-]   内

C 名국내선(國內線)[궁-]   国内航线

C 名국내외(國內外)[궁-]   国内外

B 名국립(國立)[궁닙]   国立

B 名국물[궁-]   汤

B 名국민(國民)[궁-]   国民

C 名국민적(國民的)[궁-]   国民的

C 名국사(國史)[-싸]   国史

C 名국산(國産)[-싼]   国产

B 名국수[-쑤]   面条

B 名국어(國語)[구거]   国语

C 名국왕(國王)[구광]   国王

C 名국적(國籍)[-쩍]   国籍

B 名국제(國際)[-쩨]   国际

C 名국제선(國際線)[-쩨-]   国际线

C 名국제적(國際的)[-쩨-]   国际的

C 名국제화(國際化)[-쩨-]   国际化

C 名국회(國會)[구쾨]   国会

B 名 국회의원(國會議員)[구퀴-] 国会议员

B 名 군(君) ❶君 ❷人(指男子)

B 名 군(軍) 军

C 名 군(郡) 郡

B 名 군대(軍隊) 军队

B 名 군데 地方, 处

C 名 군사(軍事) 军事

C 名 군사(軍士) 军士, 士兵

A 名 군인(軍人)[구닌] 军人

C 形 굳다[-따] ❶硬, 坚固

❷牢固, 紧紧

C 動 굳어지다[구더-] 变硬, 硬

B 副 굳이[구지] ❶坚决

❷特意, 一定

C 動 굳히다[구치-] 坚定

B 形 굵다[국따] ❶粗, 粗大

❷(粒)大

❸(嗓音)粗

C 動 굶다[굼따] 饿, 不吃, 没吃

B 動 굽다[-따] ❶烤 ❷炒 ❸烧

C 動 굽히다[구피-] ❶弄弯 ❷屈服

C	名	궁극적(窮極的)[-쩍]	最终的, 归根到底
B	形	궁금하다	❶惦念, 纳闷, 焦心 ❷有点儿饿
A	名	권(卷)	❶卷, 册 ❷本
C	名	권리(權利)[궐-]	权利
C	名	권위(權威)[궈뉘]	权威, 威信
B	名	권투(拳鬪)(하)	拳击
B	動	권하다(勸-)	劝, 劝告, 敬
A	名	귀	❶耳朵 ❷(针)眼儿 孔
C	名	귀가(歸家)(하)	归家, 回家
C	動	귀가하다(歸家-)	归家, 回家
B	名	귀국(歸國)(하)	归国, 回国
B	動	귀국하다(歸國-)[-구카-]	回国
C	名	귀신(鬼神)	❶鬼 ❷精通
B	形	귀엽다[-따]	可爱
C	形	귀중하다(貴重-)	贵重, 宝贵
C	形	귀찮다[-찬타]	讨厌, 厌烦, 麻烦
C	形	귀하다(貴-)	❶稀罕, 宝贵, 贵重 ❷可爱
C	名	귓속[귀쏙/귇쏙]	耳朵里

C 名규모(規模) 规模

C 名규정(規定)(하) 规定, 规则

B 名규칙(規則) 规则

B 名규칙적(規則的)[-쩍] 有规律的

C 名균형(均衡) 平均, 平衡, 均衡

C 名귤(橘) 橘子

A 代그 那, 他

A 感그 那个

A 冠그 那

C 名그간(-間) 那段时间

A 代그거 那个, 那

A 代그것[-걷] 那个, 那

A 代그곳[-곧] 那儿

C 副그나마 ❶连那个 ❷尤其

A 名그날 那一天

B 副그냥 ❶照样, 仍然, 仍旧

❷就那样

❸没办法, 无可奈何

C 代그녀(-女) 她

C 代그놈 那家伙

B 名그늘 ❶背阴, 阴凉处

❷忧愁, 阴影

B 名그다음　　然后

B 副그다지
❶不大, 不怎么
❷那样, 那么

C 代그대　　您, 你

B 副그대로　　就那样

A 名그동안　　最近

A 名그때　　那时候

C 副그때그때　　每每, 每次, 及时

A 感그래　　恩(表示认同)

A 副그래서　　所以

A 副그래서　　所以('그리하여서'的略形)

C 名그래픽(graphic)　　图表, 曲线

B 名그램(gram)　　公分, 克

A 副그러나　　可是, 但是, 然而

A 副그러니까　　所以, 因此

C 動그러다　　那样做, 那样说

A 副그러면　　那么, 那

B 副그러므로　　因此, 所以, 因而

B 形그러하다　　那样

B 冠 그런　　　　　　　　那样的

C 副 그런대로　　　　　尚可地, 说地过去

A 副 그런데　　　　　　可是, 但是

C 形 그럴듯하다[-뜨타-]　❶相当不错

　　　　　　　　　　　❷近似, 好像是

A 感 그럼　　　　　　　是啊, 可不是

A 副 그럼　　　　　　　那么

B 副 그렇게[-러케]　　那样, 那么

A 形 그렇다[-러타]　　那样

B 感 그렇지[-러치]　　是吧, 对吧

A 副 그렇지만[-러치-]　可是, 但是

B 動 그려지다　　　　　画着, 画好

C 名 그루　　　　　　　株, 棵

B 名 그룹(group)　　　总公司, 集团

A 名 그릇[-른]　　　　❶器皿, 食具 ❷碗

B 副 그리　　　　　　　❶不怎样 ❷那样

　　　　　　　　　　　❸那里, 那边

A 副 그리고　　　　　　及, 和, 还有

A 動 그리다　　　　　　❶绘 ❷描写, 描绘

　　　　　　　　　　　❸憧憬, 向往

C 副 그리로　　　　　　往那里

C 名 그리움	怀念
C 動 그리워하다	怀念, 想念
C 副 그리하여	因此, 所以
A 名 그림	画
B 名 그림자	❶影子 ❷阴影
B 形 그립다[-따]	❶怀念, 思念, 想念 ❷希望得到的, 需要的
B 副 그만	❶到此为止 ❷马上, 顿时 ❸没办法, 无可奈何
B 動 그만두다	作罢, 拉倒, 算了
B 副 그만큼	差不多, 那么多
B 形 그만하다	❶差不多, 相差不多 ❷就那样 ❸那么多
A 代 그분	那位
C 名 그사이	这期间, 这些日子里
C 副 그야말로	的确, 实在
C 代 그이	他

C 副그저　　　　　　　　　❶照旧, 仍然
　　　　　　　　　　　　　❷仅, 就, 只

C 名그저께　　　　　　　　前天

C 名그전(-前)　　　　　　前, 以前

C 副그제서야　　　　　　　那时才

C 副그제야　　　　　　　　那时才

B 名그중(-中)　　　　　　其中

A 代그쪽　　　　　　　　　那边

B 動그치다　　　　　　　　停, 停止

C 副그토록　　　　　　　　那样地

B 名그해　　　　　　　　　那一年

C 名극(劇)　　　　　　　　剧

C 名극복(克服)(하)[-뽁]　　克服

C 動극복하다(克服-)[-뽀카-]　克服

C 名극작가(劇作家)[-짝까]　编剧, 剧作家

A 名극장(劇場)[-짱]　　　戏场, 剧院

C 副극히(極-)[그키]　　　极, 非常

C 名근거(根據)　　　　　　根据

C 動근거하다(根據-)　　　根据

C 名근교(近郊)　　　　　　近郊

B 副근데　　　　　　　　　可是, 但是

C	名 근래(近來)[글-]	近来, 最近
C	名 근로(勤勞)(하)[글-]	勤劳
B	名 근로자(勤勞者)[글-]	劳动者
B	名 근무(勤務)(하)	工作
B	動 근무하다(勤務-)	工作, 上班
C	名 근본(根本)	根本
C	名 근본적(根本的)	根本的
C	名 근원(根源)[그 눤]	根源
C	名 근육(筋肉)[그늌]	肌肉
A	名 근처(近處)	近处, 附近
B	名 글	❶文章 ❷文字 ❸学识, 学问
B	感 글쎄	是呀, 怎么说呢
B	感 글쎄요	是呀, 怎么说呢
B	名 글쓰기	写文章, 作文
B	名 글씨	❶书法, 写字 ❷写的字 ❸字体
B	名 글자(-字)[-짜]	文字, 字
C	動 긁다[극따]	❶搔 ❷刮 ❸惹
C	名 금	线条
B	名 금(金)	金, 金子

C 名 금강산(金剛山)	金刚山
C 名 금고(金庫)	金库, 保险柜
B 名 금년(今年)	今年
C 名 금메달(金medal)	金牌
B 副 금방(今方)	❶刚才, 刚刚
	❷马上, 立刻
C 副 금세	立刻, 马上
C 名 금액(金額)[그맥]	金额
B 名 금연(禁煙)[그면]	❶禁烟 ❷戒烟
A 名 금요일(金曜日)[그묘-]	星期五
B 名 금지(禁止)(하)	禁止
C 動 금지되다(禁止-)	被禁止
B 動 금지하다(禁止-)	禁止
C 動 금하다(禁-)	禁止
A 名 급(級)	级, 级别, 等级
C 副 급격히(急激-)[-꺼키]	急剧
C 副 급속히(急速-)[-쏘키]	急速, 迅速
C 動 급증하다(急增-)[-쯩-]	急剧增加, 激增
B 形 급하다(急-)[그파-]	❶急 ❷困难
C 副 급히(急-)[그피]	急忙
C 動 긋다[귿따]	划

B 名 긍정적(肯定的)　　肯定的

C 名 기(旗)　　旗帜, 旗

C 名 기(氣)　　❶气 ❷傲气 ❸元气

B 名 기간(期間)　　期间

B 名 기계(機械)　　❶机器, 机械

❷死板的人

C 名 기관(機關)　　机关

C 名 기구(器具)　　器具, 工具

C 名 기구(機構)　　机构

C 名 기기(器機)　　机器

C 名 기념(紀念)(하)　　纪念

C 名 기념일(紀念日)[-녀밀]　　纪念日

C 名 기념품(紀念品)　　纪念品

C 動 기념하다(紀念-)　　纪念

C 名 기능(技能)　　技能, 技术

C 名 기능(機能)　　机能

C 動 기다　　❶爬 ❷匍匐

A 動 기다리다　　等, 等待, 等候

B 名 기대(期待)(하)　　期待, 期望

C 動 기대다　　倚, 倚靠

C 動 기대되다(期待-)　　期待

B	動 기대하다(期待-)	期待, 期望
B	名 기도(祈禱)(하)	祈祷, 祷告
C	動 기도하다(祈禱-)	祈祷, 祷告
C	名 기독교(基督敎)[-꾜]	基督教
C	名 기둥	❶柱, 柱子 ❷栋梁
C	名 기록(記錄)(하)	记录
C	動 기록되다(記錄-)	被记录
B	動 기록하다(記錄-)[-로카-]	记录
B	動 기르다	❶养, 饲养 ❷培养 ❸留(头发) ❹养成
B	名 기름	❶油 ❷脂肪
C	形 기막히다(氣-)[-마키-]	❶气堵住了 ❷气死, 气坏 ❸寒心 ❹非常, 极为
C	名 기법(技法)[-뻡]	方法
B	名 기본(基本)	基本, 基础
C	名 기본적(基本的)	基本的
A	名 기분(氣分)	❶情绪, 心情 ❷气氛
B	動 기뻐하다	高兴, 欣喜, 欢欣

B	形 기쁘다	高兴, 欣喜, 欢欣
B	名 기쁨	高兴, 欣喜
B	名 기사(技士)	工程师
B	名 기사(記事)	❶记事, 消息 ❷记载, 记录
C	名 기성(旣成)	旣成, 现成
C	名 기성세대(旣成世代)	成年人
A	名 기숙사(寄宿舍)[-싸]	宿舍
B	名 기술(技術)	技术
C	名 기술자(技術者)[-짜]	技术人员
C	動 기술하다(記述-)	记述
B	名 기억(記憶)(하)	记忆
B	動 기억나다(記憶-)[-엉-]	想起来
C	動 기억되다(記憶-)	被记住
B	動 기억하다(記憶-)[-어카-]	记住
C	名 기업(企業)	企业
C	名 기업인(企業人)[-어빈]	企业家
C	名 기여(寄與)(하)	贡献, 捐献
C	動 기여하다(寄與-)	贡献, 捐献
B	名 기온(氣溫)	气温
B	名 기운	力气, 精力

C	動 기울다	倾, 倾斜, 歪斜
C	動 기울이다[-우리-]	❶倾倒, 倾注 ❷斟
C	名 기원(起原)	起源
C	名 기원전(紀元前)	纪元前, 公元前
B	名 기자(記者)	记者
C	名 기적(奇跡)	奇迹
B	名 기준(基準)	基准, 标准
A	名 기차(汽車)	火车
B	名 기초(基礎)	基础
C	名 기초적(基礎的)	基础的
C	動 기초하다(基礎-)	~为基础
B	名 기침	咳嗽
C	名 기타(其他)	其他
B	名 기타(guitar)	吉他
C	名 기호(記號)	记号, 符号
C	名 기혼(旣婚)	已婚
B	名 기회(機會)	机会
C	名 기획(企劃)(하)	规划, 计划
C	名 기후(氣候)	气候
C	名 긴급(緊急)(하)	紧急
B	名 긴장(緊張)(하)	紧张

C 名 긴장감(緊張感) 紧张感

C 動 긴장되다(緊張-) 紧张

B 動 긴장하다(緊張-) 紧张

A 名 길 路

B 名 길가[-까] 路边, 路旁

B 名 길거리[-꺼-] 街道, 大街

A 形 길다 长

C 動 길어지다[기러-] 变长, 拉长

B 名 길이[기리] 长度

B 名 김 紫菜

C 名 김 ❶蒸气 ❷一口气

C 名 김 趁机, 顺便

A 名 김밥 紫菜饭卷

A 名 김치 泡菜

B 名 김치찌개 泡菜汤

B 名 김포공항(金浦空港) 金浦机场

B 形 깊다[깁따] ❶深 ❷深厚

C 副 깊숙이[깁쑤기] 深深地

B 副 깊이[기피] 深深地, 深刻地

B 名 깊이[기피] 深度, 深浅

C 動 까다 ❶嗑, 剥 ❷孵

B 名 까닭[-닥]	原因, 理由
B 名 까만색(-色)	黑色
B 形 까맣다[-마타]	❶黑 ❷黑乎乎
	❸记忆模糊
C 動 까먹다[-따]	❶嗑 ❷花光
	❸忘却, 忘掉
C 名 까치	喜鹊
C 名 깍두기[-뚜-]	泡萝卜块儿
A 動 깎다[깍따]	❶削 ❷剪, 刮
	❸压, 削价
C 形 깔끔하다	干净利落,
	精明能干
C 動 깔다	❶铺 ❷垫
C 動 깔리다	铺着
B 副 깜빡	❶一闪
	❷突然, 一下子
B 副 깜짝	一下子
C 名 깡패(-牌)	强盗集团, 匪帮
B 副 깨끗이[-끄시]	干净地
A 形 깨끗하다[-끄타-]	干净
C 動 깨끗해지다[-끋-]	变干净

ㄱ

B 動깨다	❶醒 ❷觉醒, 觉悟
B 動깨다	❶打破 ❷破坏
C 動깨닫다[-따]	认识, 理解, 觉察
C 名깨달음[-다름]	认识, 理解, 醒悟
C 動깨뜨리다	❶打破 ❷破坏
C 名깨소금	芝麻盐
C 動깨어나다	醒, 清醒
C 動깨어지다	破碎
C 動깨우다	叫醒
B 動깨지다	❶破碎
	❷破产, 破灭
B 動꺼내다	❶掏, 拿
	❷开始(讲)
B 動꺼지다	熄灭
C 動꺾다[꺽따]	❶折断 ❷拐弯
B 名껌(gum)	口香糖
B 名껍질[-찔]	外皮, 表皮
C 名꼬리	尾巴, 后面
C 名꼬마	小鬼
A 副꼭	❶一定, 必定
	❷正, 刚 ❸完全

C	副	꼭	❶一直 ❷紧紧地
B	名	꼭대기[-때-]	顶
C	名	꼴	样子, 熊相
C	形	꼼꼼하다	仔细, 细心
C	副	꼼짝	叭嚓叭嚓
C	動	꼽히다[꼬피-]	被插
C	動	꽂다[꼳따]	❶插 ❷夹
A	名	꽃[꼳]	花
C	名	꽃씨[꼳-]	花种子
B	名	꽃잎[꼰닙]	花瓣
C	副	꽉	❶满满 ❷使劲(压) ❸完全(堵住)
B	副	꽤	很, 相当
B	動	꾸다	做(梦)
C	動	꾸다	借(钱)
C	動	꾸리다	❶包, 打 ❷修整 ❸办
B	動	꾸미다	❶装饰, 布置 ❷修整 ❸策划
C	形	꾸준하다	坚持不懈, 孜孜不倦

B 副 꾸준히	不懈地
C 名 꾸중(하)	责备
B 名 꿀	蜂蜜
A 名 꿈	梦
B 動 꿈꾸다	幻想, 做梦
B 名 꿈속[-쏙]	梦中
A 動 끄다	❶熄灭 ❷关上
B 動 끄덕이다[-더기-]	点头
C 名 끈	绳子, 带子
C 動 끊기다[끈키-]	断
B 動 끊다[끈타]	❶断 ❷买 ❸断绝 ❹戒
B 動 끊어지다[끄너-]	断
C 形 끊임없다[끄니멉따]	不断
C 副 끊임없이[끄니멉시]	不断地
B 動 끌다	❶拖, 牵拉 ❷拖延 ❸吸引
C 動 끌리다	❶被吸引 ❷被拉
C 動 끌어당기다[끄러-]	拉过来, 拉拢
B 動 끓다[끌타]	❶沸腾 ❷发热 ❸冒火, 光火

B 動 끓이다[끄리-]	熬, 烧开
A 名 끝[끝]	❶末, 最后 ❷端
A 動 끝나다[끈-]	❶结束
	❷下班, 放假
B 副 끝내[끈-]	终于
A 動 끝내다[끈-]	结束, 完成
C 形 끝없다[끄덥-]	无限的
C 副 끝없이[끄덥시]	无限地
C 名 끼	顿
B 動 끼다	❶笼罩, 弥漫
	❷积(垢)
B 動 끼다	夹, 插, 塞
C 動 끼어들다	插进去
C 動 끼우다	夹, 插, 塞

A 代 나	我
A 補 나가다	表示进行
A 動 나가다	❶出去 ❷上(街) ❸前进
B 動 나누다	❶分 ❷一块儿吃喝 ❸交谈
C 動 나누어지다	被分开
C 動 나뉘다	被分开
B 補 나다	❶表示'继续, 多次' 或强势 ❷表示'完了'
A 動 나다	❶生, 出生 ❷生长 ❸出, 出现 ❹ 发
C 名 나들이(하)[-드리]	❶串门 ❷进进出出, 出入
A 名 나라	国家
C 副 나란히	并排
C 動 나르다	搬运

C 名 나름	❶…要看什么…
	❷…也要看怎么…
B 名 나머지	❶剩余 ❷…之余
A 名 나무	❶树木
	❷木材, 木头
B 名 나물	❶野菜 ❷蔬菜
B 名 나뭇가지[-무까-/-묻까-]	树枝
B 名 나뭇잎[-문닙]	树叶
B 名 나비	蝴蝶
B 動 나빠지다	变坏
A 形 나쁘다	不好, 坏
B 動 나서다	❶站出来 ❷出现
C 動 나아가다	❶前进 ❷好转
C 動 나아지다	好起来
A 動 나오다	❶出来, 出现, 涌出
	❷来, 到
A 名 나이	年龄, 年纪
A 名 나중	❶以后, 后来
	❷最后, 终于
C 名 나침반(羅針盤)	罗盘, 指南针
B 動 나타나다	❶出现, 显出

❷产生, 发生

B 動 나타내다　表现, 显示

B 名 나흘　四天

B 名 낙엽(落葉)[나겹]　落叶

B 名 낚시[낙씨]　❶钓鱼 ❷钓

C 名 낚시꾼[낙씨-]　钓鱼人

C 名 낚싯대[낙싣때]　钓鱼竿

C 名 난리(亂離)[날-]　战乱, 兵荒马乱

C 名 난방(暖房)　❶供暖

❷暖和的房间

A 名 날　❶天 ❷天气

❸日子, 时候

B 名 날개　翅膀, 翼

A 動 날다　❶飞 ❷跳跃

❸挥发

C 動 날리다　❶放飞

❷草率地做

❸失掉, 花光

A 名 날씨　天气

B 動 날아가다[나라-]　❶飞走

❷无影无踪

❸挥发

C 動 날아다니다[나라-]   飞来飞去

B 動 날아오다[나라-]   飞来

A 名 날짜   ❶日子 ❷日期

C 形 날카롭다[-따]   ❶尖锐, 锋利

❷强烈, 厉害

❸锐敏

B 形 낡다[낙따]   陈旧, 老朽

C 名 남   ❶别人, 他人

❷(亲戚外的)他人

B 名 남(南)   南

B 名 남(男)   男

B 動 남기다   留, 保留

A 名 남녀(男女)   男女

B 動 남다[-따]   剩下, 剩余

A 名 남대문(南大門)   南大门

A 名 남대문시장(南大門市場)   南大门市场

A 名 남동생(男同生)   弟弟

B 名 남매(男妹)   兄弟姐妹, 兄妹

C 名 남미(南美)   南美

C 名 남부(南部)   南部

C 名 남북(南北)	南北
B 名 남산(南山)	南山
B 名 남성(男性)	男性
A 名 남자(男子)	男子, 男人
A 名 남쪽(南-)	南方, 南面
A 名 남편(男便)	丈夫
A 名 남학생(男學生)	男学生, 男同学
C 動 납득하다(納得-)[-뜨카-]	了解, 理解
B 動 낫다[낟따]	痊愈, (病)好了
B 形 낫다[낟따]	较好, 较优
C 名 낭비(浪費)(하)	浪费
A 名 낮[낟]	白天, 白昼
A 形 낮다[낟따]	低, 矮
C 動 낮아지다[나자-]	降低
C 動 낮추다[낟-]	降低, 贬低
B 形 낯설다[낟썰-]	陌生, 面生
C 名 낱말[난-]	词, 单词
B 動 낳다[나타]	生, 下, 生产
C 名 내	内
C 名 내과(內科)[-꽈]	内科
B 副 내내	❶始终, 一直

❷永久, 永远

A 名 내년(來年)　明年, 来年

B 動 내놓다[-노타]　❶拿出来

❷放, 释放

A 補 내다　做到头(表示持续, 坚持)

A 動 내다　❶拿出, 出 ❷分

❸抽(空)

C 動 내다보다　❶向外看 ❷展望

C 名 내달(來-)　下个月

A 動 내려가다　❶下去 ❷下降

❸流传

B 動 내려놓다[-노타]　放下, 搁下

B 動 내려다보다　向下看, 俯视, 俯瞰

A 動 내려오다　❶传下来

❷(由中央) 下来

C 動 내려지다　被下达

A 動 내리다　❶下来, 下 ❷消化

B 動 내밀다　出, 冒出, 突出

C 動 내버리다　抛弃, 扔掉

C 動 내보내다　❶放出去, 拿出去,

送出去 ❷派出去

C 名 내부(内部) 内部

C 動 내쉬다 ❶吐出, 呼气

❷叹息

C 名 내외(内外) (男女间)回避

C 名 내외(内外) ❶内外 ❷夫妇

B 名 내용(内容) 内容, 底细

C 名 내용물(内容物) 里面的东西, 内容

A 名 副 내일(來日) 明天

C 名 내적(内的)[-쩍] 内在的, 内部的

C 動 내주다 ❶给予, 发给

❷让给, 腾出

B 副 내지(乃至) ❶乃至 ❷或, 以及

C 名 내후년(來後年) 后年

B 名 냄비 小锅, 平底锅

B 名 냄새 气味

C 名 냇물[낸-] 溪水

C 名 냉동(冷凍)(하) 冷冻

A 名 냉면(冷麵) 冷面

C 名 냉방(冷房) 冷气

A 名 냉장고(冷藏庫) 冰箱

A	代	너	你
B	名	너머	那边
A	副	너무	太, 过于
B	副	너무나	太
B	代	너희[-히]	你们
C	冠	넉	四
C	形	넉넉하다[넝너카-]	足够, 充足, 充分, 完全
C	副	널리	❶广泛 ❷宽大
A	形	넓다[널따]	❶宽广, 广阔 ❷宽大
B	動	넓어지다[널버-]	变宽
B	動	넓히다[널피-]	❶加宽, 放宽 ❷扩大
C	動	넘겨주다	转交, 递交
C	動	넘기다	❶推倒, 弄倒 ❷移交, 让渡 ❸错过
B	動	넘다[-따]	❶超过 ❷上(当), 中(计)
B	動	넘어가다[너머-]	❶倒, 摔倒 ❷过 ❸转给

C	動 넘어뜨리다[너머-]	推倒, 掀倒
B	動 넘어서다[너머-]	越过
C	動 넘어오다[너머-]	转向, 倒向
B	動 넘어지다[너머-]	❶倒, 倒塌
		❷摔倒, 跌倒
B	動 넘치다	溢(出)
A	動 넣다[너타]	❶装进
		❷夹入, 投入
A	冠 네	四~
A	感 네	是, 对
B	名 네거리	十字街, 十字路
A	名 넥타이(necktie)	领带
A	數 넷[넫]	四
A	冠 數 넷째[넫-]	第四
B	名 녀석	兔崽子, 家伙
A	名 년(年)	年
B	名 년대(年代)	年代
B	名 년도(年度)	年度
C	名 년생(年生)	~年生
C	名 노동(勞動)(하)	劳动
B	名 노동자(勞動者)	工人

A	名노란색(-色)	黄色
B	形노랗다[-라타]	黄
A	名노래(하)	歌
B	名노래방(-房)	练歌房
A	動노래하다	唱(歌)
B	名노랫소리[-랟쏘-]	歌声
B	名노력(努力)(하)	努力
B	動노력하다(努力-)[-려카-]	努力
C	名노선(路線)	路线
B	名노인(老人)	老人
A	名노트(note)(하)	笔记本, 本子
C	動녹다[-따]	❶融化, 溶化 ❷熔化
B	名녹색(綠色)[-쌕]	绿色
B	名녹음(錄音)[노금]	录音
B	動녹음하다(錄音-)[노금-]	录音
C	動녹이다[노기-]	溶解, 融解
B	名녹차(綠茶)	绿茶
C	名녹화(錄畵)(하)[노콰]	录像
C	名논	水田, 稻田
C	名논리(論理)[놀-]	论理, 逻辑

C	名 논리적(論理的)[놀-]	逻辑的, 合乎逻辑的
C	名 논문(論文)	论文
B	動 논의하다(論議-)[노니-]	议论, 讨论
C	名 논쟁(論爭)(하)	争论
C	動 논하다(論-)	论述, 论
A	動 놀다	❶玩, 游玩 ❷休息 ❸停, 停放 ❹闲着
A	動 놀라다	❶吃惊 ❷惊慌 ❸惊讶
B	形 놀랍다[-따]	惊人, 惊讶
C	動 놀리다	捉弄, 戏弄
B	名 놀이(하)[노리]	玩, 游戏
B	名 놀이터[노리-]	游戏的地方
C	名 놈	家伙
B	名 농구(籠球)	篮球
B	名 농담(弄談)(하)	玩笑
C	名 농민(農民)	农民
C	名 농부(農夫)	农夫
B	名 농사(農事)	农事, 农活儿
C	名 농사일(農事-)	农活儿

C 動	농사짓다(農事-)[-짇따]	种地
C 名	농산물(農産物)	农产物, 农产品
B 名	농업(農業)	农业
C 名	농장(農場)	农场
B 名	농촌(農村)	农村
A 形	높다[놉따]	高
B 動	높아지다[노파-]	升高, 上升
B 名	높이[노피]	高度
B 副	높이[노피]	高高地
B 動	높이다[노피-]	提高, 增强
A 補	놓다[노타]	表示保有, 维持
A 動	놓다[노타]	❶放, 放下 ❷布置, 设置
C 動	놓아두다[노-]	❶放置, 搁置 ❷不管, 放任
B 動	놓이다[노-]	被放下
B 動	놓치다[노-]	❶失, 失去, 失掉 ❷错过
C 動	놔두다	❶放置, 搁置 ❷不管, 放任
C 名	뇌(腦)	❶脑 ❷脑筋, 脑袋

A 代누구　谁

A 名누나　姐姐(男的用语)

B 動누르다　❶按 ❷抑制
❸压制, 压迫 ❹压

A 名눈　眼睛

A 名눈　雪

C 名눈가[-까]　眼边

C 動눈감다[-따]　❶瞑目, 断气
❷装没看见

C 名눈길[-낄]　目光, 视线

C 名눈동자(-瞳子)[-똥-]　瞳仁, 眸子

C 動눈뜨다　❶睁眼 ❷睡醒

A 名눈물　眼泪

C 名눈병(-病)[-뼝]　眼病

C 形눈부시다　❶耀眼 ❷辉煌

B 名눈빛[-삩]　目光

B 名눈썹　眉毛

B 名눈앞[누납]　眼前

B 動눕다[-따]　❶躺 ❷卧病

A 名뉴스(news)　新闻, 消息

B 名뉴욕(New York)　纽约

B 動 느껴지다　　　感觉到

B 動 느끼다　　　感觉

B 名 느낌　　　感觉

B 形 느리다　　　❶缓慢, 迟缓

　　　　　　　　❷稀疏, 松

C 名 늑대[-때]　　　狼

B 副 늘　　　常常, 经常

B 動 늘다　　　❶增加, 增长

　　　　　　　❷提高, 进步

B 動 늘리다　　　加大, 增加, 扩大

B 動 늘어나다[느러-]　　　变长, 增长, 提高

C 動 늘어놓다[느러노타]　　　❶摆放

　　　　　　　　　　　❷同时铺开

　　　　　　　　　　　❸罗列

C 動 늘어서다[느러-]　　　排列成行

C 動 늘어지다[느러-]　　　❶变长 ❷下垂

　　　　　　　　　　❸耷拉 ❹走运

B 動 늙다[늑따]　　　老

C 名 능동적　　　能动的

B 名 능력[-녁]　　　能力

C 名 늦가을[늗까-]　　　晚秋, 暮秋

A 形늦다[늗따]   ❶迟, 晚 ❷松
A 動늦다[늗따]   晚
C 動늦어지다[느저-]   变慢, 晚

A	副	다	都
A	名	다	全部
B	動	다가가다	挨近, 靠近, 走近
C	動	다가서다	靠近
B	動	다가오다	靠近, 走近
B	動	다녀가다	来过
A	動	다녀오다	回来
A	動	다니다	❶来往 ❷上, 去 ❸当
C	動	다듬다[-따]	❶打扮 ❷铺平 ❸择(菜)
C	動	다루다	❶操纵, 操作 ❷带 ❸管理
A	形	다르다	❶不同, 不一样 ❷不寻常的, 其他的
A	冠	다른	别的
C	形	다름없다[-르멉따]	完全一样的
A	名	다리	腿

A	名다리	桥梁
C	副다만	只, 仅仅是
C	名다방(茶房)	茶馆, 咖啡馆
A	冠 数다섯[-섣]	五
A	数다섯째[-섣-]	第五
C	副다소(多少)	多少, 稍微
B	名다수(多數)	多数
A	副다시	又, 再次
C	名다양성(多樣性)[-썽]	多样性
B	形다양하다(多樣-)	多样
C	動다양해지다(多樣-)	多样化
A	名다음	下次
B	名다이어트(diet)(하)	减肥
C	形다정하다(多情-)	❶多情, 情深 ❷热情, 亲切
C	動다지다	❶打紧, 压紧 ❷加强, 巩固 ❸下(决心)
C	動다짐하다	❶砸紧, 打夯 ❷决心 ❸叮嘱

B 動 다치다　①碰, 触动

②损坏, 损伤 ③伤

C 動 다투다　①争, 争夺

②争吵, 争执

C 名 다툼　斗争, 角斗

B 動 다하다　①结束, 完成

②尽力, 竭力

C 名 다행(多幸)　侥幸, 幸亏

B 副 다행히(多幸-)　侥幸, 幸亏, 幸运地

C 動 닥치다　临近, 迫近

A 動 닦다[닥따]　①擦 ②刷(牙)

③奠定, 打(基础)

B 冠 단(單)　仅仅

C 名 단(段)　①段 ②级(阶梯)

③(柔道, 围棋等的)

等级

C 名 단계(段階)[-게]　阶段

C 名 단골　老主顾

C 形 단단하다　①坚硬 ②结实

③坚强

C 名 단독(單獨)　单独, 独自

B	名	단맛[-맏]	甜味儿
C	名	단순(單純)(하)	单纯
B	形	단순하다(單純-)	单纯
B	副	단순히(單純-)	单纯地
A	名	단어(單語)[다너]	单词
C	名	단위(單位)[다뉘]	单位
B	名	단점(短點)[-쩜]	短处, 缺点
B	副	단지(但只)	只, 仅仅
B	名	단지(團地)	基地
B	名	단체(團體)	团体
C	名	단추	❶纽扣, 扣子 ❷按钮, 键
C	名	단편(短篇)	短篇
C	名	단풍(丹楓)	❶枫树 ❷红叶
A	動	닫다[-따]	关, 闭
B	動	닫히다[다치-]	被关上
A	名	달	月亮
A	名	달	月(量词)
B	名	달걀	鸡蛋
B	動	달다	钉(扣子), 系
B	動	달다	❶烧, 热 ❷发烧

❸发干

C [動]달다 称

A [形]달다 ❶甜 ❷胃口好

B [動]달라지다 变, 变化

C [動]달래다 ❶说服, 劝 ❷哄

A [名]달러(dollar) 美元, 美金

B [動]달려가다 跑过去

C [動]달려들다 扑上去, 冲上去

B [動]달려오다 跑过来

A [名]달력(–曆) 月历

C [副]달리 别, 另外

C [名]달리기(하) 赛跑

B [動]달리다 疾驶, 奔驰, 奔跑

B [動]달리다 挂, 悬挂, 垂挂

C [動]달리하다 ❶改变

❷不同, 另外

B [名]달빛[–삗] 月色, 月光

B [動]달아나다[다라–] ❶奔驰, 飞奔

❷逃跑, 逃走

❸消失

A [名]닭[닥] 鸡

A	名	닭고기[닥꼬-]	鸡肉
B	動	닮다[담따]	象, 相似
C	名	담	墙, 壁
B	動	담그다	❶浸, 泡 ❷腌, 跑 ❸酿
B	動	담기다	❶盛, 装 ❷含
B	動	담다[담따]	❶盛, 装 ❷含
C	名	담당(擔當)(하)	担当, 担任
C	名	담당자(擔當者)	负责人
B	動	담당하다(擔當-)	担当, 负责
A	名	담배	❶烟草 ❷香烟, 卷烟
B	名	담요[-뇨]	毯子
B	名	담임(擔任)(하)[다밈]	担任, 担当
C	名	답	答, 回答, 解答
B	形	답답하다[-다파-]	❶纳闷, 烦闷 ❷(呼吸)急促 ❸着急, 急人
C	名	답변(答辯)(하)[-뼌]	❶答辩, 回答 ❷辩解
B	名	답장(答狀)(하)[-짱]	回信, 复信, 复函

B 動 답하다(答–)[다파–] 回答

B 名 닷새[닫쌔] ❶五天 ❷五日

B 名 당근 胡萝卜

B 動 당기다 ❶拉, 拖

❷扣(扳机) ❸提前

C 形 당당하다(堂堂–) ❶堂堂, 理直气壮

❷凛凛

C 副 당분간(當分間) 目前, 暂时

C 名 당시(當時) 当时

B 代 당신(當身) 您

B 形 당연하다(當然–) 当然, 应当

B 副 당연히(當然–) 当然, 应当

B 名 당장(當場) 当场, 立刻, 马上

C 動 당하다(當–) ❶到, 碰到, 遇到

❷担当

B 動 당황하다(唐慌–) 惊慌, 慌张

B 動 닿다[다타] ❶接触, 触及

❷到达, 抵达 ❸够

C 名 대 支

C 名 대 茎, 杆

C 名 대(代) 代, 世

B 名 대(對)	❶对 ❷对偶, 对仗
B 名 대(臺)	辆, 架
C 名 대가(代價)[-까]	❶价钱 ❷代价
C 副 대강(大綱)	大概, 大致
C 副 대개(大概)	大概, 大致
C 名 대개(大概)	❶梗概, 大概 ❷大部分
B 名 대구(大邱)	大邱
C 名 대규모(大規模)	大规模
C 名 대기(大氣)	❶大气 ❷空气
B 名 대기업(大企業)	大企业
C 動 대기하다(待機-)	待命, 等待时机
C 名 대낮[-낟]	白天
C 動 대다	❶接触, 触动 ❷引(水) ❸接济, 供给
C 名 대다수(大多數)	大多数
B 形 대단하다	很大, 很高, 很厉害
B 副 대단히	非常, 很
A 名 대답(對答)(하)	回答
A 動 대답하다(對答-)[-다파-]	回答

B 名 대도시(大都市)	大城市
C 名 대략(大略)	❶大略, 宏谋
	❷大概, 大致
C 名 대량(大量)	大量, 大批
C 名 대로	照样, 按照
C 名 대륙(大陸)	大陆
B 名 대문(大門)	大门, 正门
B 名 대부분(大部分)	大部分
C 名 대비(對備)(하)	对付
C 動 대비하다(對備-)	对付, 应对
C 名 대사(大使)	大使
C 名 대사(臺詞)	台词
A 名 대사관(大使館)	大使馆
C 名 대상자(對象者)	对象
B 名 대신(代身)(하)	代替
C 動 대신하다(代身-)	代替, 替代
C 冠 數 대여섯[-섣]	五六
C 名 대응(對應)(하)	❶相对, 对立
	❷调和, 适应
	❸应付, 对付
C 動 대응하다(對應-)	❶相对, 对立

ㄷ

❷调和, 适应

❸应付, 对付

C 名 대입(大入)　　大学录取

B 名 대전(大田)　　大田

C 名 대접(待接)(하)　　接待, 招待

C 動 대접하다(待接-)[-저파-]　　接待, 招待

B 名 대중(大衆)　　大众, 群众

B 名 대중교통(大衆交通)　　大众交通

B 名 대중문화(大衆文化)　　大众文化

C 名 대중적(大衆的)　　大众的, 群众的

C 名 대책(對策)　　对策, 措施

C 動 대처하다(對處-)　　对付, 应对

C 副 대체(大體)　　大体, 大概, 大致

C 副 대체로(大體-)　　大体上, 大致

C 名 대출(貸出)(하)　　出借, 贷款

C 副 대충　　大致, 粗略

B 名 대통령(大統領)　　总统

B 名 대표(代表)(하)　　代表

B 名 대표적(代表的)　　代表性的, 代表

C 動 대표하다(代表-)　　代表

B 動 대하다(對-)　　❶面对面

❷接触, 交往

❸对于, 关于

A 名 대학(大學) 大学, 学院

A 名 대학교(大學校)[-꾜] 大学

B 名 대학교수(大學敎授)[-꾜-] 大学教授

C 名 대학로(大學路)[-항노] 大学路

A 名 대학생(大學生)[-쌩] 大学生

B 名 대학원(大學院)[-하권] 大学研究出院

B 名 대한민국(大韓民國) 大韩民国

C 名 대합실(待合室)[-씰] 候车室, 候诊室

C 名 대형(大型) 大型

A 名 대화(對話)(하) 对话

B 動 대화하다(對話-) 对话

B 名 대회(大會) 大会

A 名 댁(宅) 府上('집'的尊称)

C 名 댐(dam) 水库, 大坝

A 副 더 ❶更, 更加 ❷再

B 副 더구나 尤其, 再加上

C 副 더더욱 更, 更加

C 動 더러워지다 脏

B 形 더럽다[-따] ❶脏 ❷卑鄙

❸(心眼)坏

C 勯 더불다　　一起, 一块, 跟

C 副 더욱　　更加, 更为

C 副 더욱더[-떠]　　更加, 更为

C 副 더욱이[-우기]　　更, 更加, 尤其

B 名 더위　　❶热的天气

❷中暑

B 勯 더하다　　更加, 加上

C 名 덕(德)　　❶德 ❷恩惠, 托福

B 名 덕분(德分)[-뿐]　　托福, 幸亏, 多亏

B 名 덕수궁(德壽宮)[-쑤-]　　德寿宫

B 勯 던지다　　❶投掷, 扔

❷扔下, 放下

B 副 덜　　少, 不够, 不太

C 勯 덜다　　❶减, 减少 ❷减轻

A 形 덥다[-따]　　热

C 勯 덧붙이다[덛뿌치-]　　❶添加, 附上

❷靠, 依附

C 名 덩어리　　块, 团

B 勯 덮다[덥따]　　❶盖, 覆 ❷掩盖

C 勯 덮이다[더피-]　　被覆盖

B 名 데	表示地方或情况
B 動 데려가다	带走
B 動 데려오다	带来
B 動 데리다	带领
C 動 데우다	热
C 名 데이트(date)(하)	约会
C 名 도(度)	❶度(温度的单位) ❷(倾斜)度
C 名 도(道)	道(韩国行政区之一, 相当于中国的省)
C 名 도(道)	❶道义, 道德 ❷技艺, 方法
B 名 도구(道具)	工具, 用具
C 動 도달하다(到達-)	到达
C 副 도대체(都大體)	到底, 究竟
C 名 도덕(道德)	道德
B 名 도둑	盗贼
B 副 도로	返回, 还给
B 名 도로(道路)	道路
C 副 도리어	反而

C	名	도마	菜板, 案板
C	名	도망(逃亡)(하)	逃亡, 逃走
B	動	도망가다(逃亡-)	逃走, 逃跑
C	動	도망치다(逃亡-)	逃亡, 逃走, 逃跑
A	名	도서관(圖書館)	图书馆
A	名	도시(都市)	城市, 都市
B	名	도시락	饭盒
C	名	도심(都心)	市中心
A	動	도와주다	帮助
B	名	도움	帮助
C	名	도움말	帮助
C	名	도입(導入)(하)	导入, 采用, 吸取
B	名	도자기(陶瓷器)	陶器, 瓷器
C	名	도장(圖章)	印章
C	副	도저히(到底-)	无论如何, 怎么也
C	名	도전(挑戰)(하)	挑战
B	名	도중(途中)	❶半路, 途中 ❷中间
A	名	도착(到着)(하)	到达, 抵达
A	動	도착하다(到着-)[-차카-]	到达, 抵达
B	名	도쿄(東京)	东京

C 名독감(毒感)[-깜]　　　重感冒, 流感

C 名독립(獨立)(하)[동닙]　　独立

C 動독립하다(獨立-)[동니파-]　独立

B 名독서(讀書)(하)[-써]　　读书

A 名독일(獨逸)[도길]　　德国

B 名독일어(獨逸語)[도기러]　德语

C 名독창적(獨創的)　　独创性的

C 形독특하다(獨特-)[-트카-]　独特

C 形독하다(毒-)[도카-]　　❶厉害 ❷有毒 ❸狠

A 名돈　　钱

B 名돌　　石头, 石子

B 動돌다　　❶转, 循环 ❷流通
　　　　　❸(胃口)好起来

B 動돌려주다　　归还

B 動돌리다　　❶恢复 ❷松(口气)
　　　　　❸转

C 名돌멩이　　小石头

B 動돌보다　　照顾, 帮助

A 動돌아가다[도라-]　　回去

C 動돌아다니다[도라-]　　跑来跑去

B 動돌아보다[도라-]　　❶回头看

❷参观, 环顾

B 動돌아서다[도라-]　❶转,转向

❷恢复, 好转

A 動돌아오다[도라-]　❶回来 ❷绕着来

❸恢复

A 動돕다[-따]　❶帮助

❷增强, 增进

C 冠동(同)　同

C 名동(棟)　栋

C 名동그라미　圆形, 圆圈

C 形동그랗다[-라타]　圆

B 名동기(動機)　动机

C 名동기(同期)　❶同期

❷同年级, 同班

B 名동네(洞-)　村, 乡村

B 名동대문(東大門)　东大门

B 名동대문시장(東大門市場)　东大门市场

C 名동료(同僚)[-뇨]　同僚, 同事

A 名동물(動物)　动物

B 名동물원(動物園)[-무 뤈]　动物园

C 名동부(東部)　东部

A	名 동생(同生)	弟弟, 妹妹
C	名 동서(東西)	东西
C	名 동서남북(東西南北)	东西南北
B	名 동시(同時)	同时
B	名 동아리	同派, 同伙
A	名 동안	期间, 时间
B	名 동양(東洋)	东方
C	名 동양인(東洋人)	东方人
C	名 동의(同意)(하)[-이]	同意
C	動 동의하다(同意-)[-이-]	同意
C	形 동일하다(同一-)	同一
C	名 동작(動作)(하)	动作
B	名 동전(銅錢)	铜钱
A	名 동쪽(東-)	东边
B	名 동창(同窓)	同学
C	名 동포(同胞)	同胞
C	名 동행(同行)(하)	❶同行, 同路
		❷同路人, 旅伴
B	名 동화(童話)	童话
C	名 동화책(童話冊)	童话书
A	名 돼지	猪

A	名 돼지고기	猪肉
B	副 되게	非常, 很
A	動 되다	❶成 ❷到(时间) ❸行, 可以
C	動 되돌리다	归还
C	動 되돌아가다[-도라-]	返回, 折回去
C	動 되돌아보다[-도라-]	回头看
C	動 되돌아오다[-도라-]	返回, 折回来
C	動 되살리다	使复苏, 使苏醒
C	動 되찾다[-찬따]	找回
C	動 되풀이되다[-푸리-]	重复
C	動 되풀이하다[-푸리-]	重复
B	名 된장(-醬)	大酱
B	名 된장찌개	酱汤
A	冠 두	两个
B	形 두껍다[-따]	厚
C	名 두께	厚度
C	名 두뇌(頭腦)	头脑
B	補 두다	表示动作结果的保持
B	動 두다	❶置, 放 ❷隔

C	形	두드러지다	突出
B	動	두드리다	敲, 敲打
C	名	두려움	害怕, 恐惧, 畏惧
C	動	두려워하다	害怕, 恐惧, 畏惧
C	形	두렵다[-따]	❶担心, 害怕 ❷敬畏
C	動	두르다	❶挥动 ❷绕 ❸围
C	動	두리번거리다	东张西望, 环顾四周
B	名	두부(豆腐)	豆腐
B	冠	두세	二三
C	冠	두어	两三个
B	名	두통(頭痛)	头痛
A	數	둘	二
B	動	둘러보다	环顾, 环视
C	動	둘러싸다	❶包 ❷包围 ❸围绕
C	動	둘러싸이다	包围, 围绕
A	數	둘째	第二
B	形	둥글다	圆
C	名	둥지	窝, 巢穴
A	名	뒤	❶后面 ❷以后

ㄷ

❸其余, 后来

C 形 뒤늦다[-는따] 　迟, 晚

C 動 뒤따르다 　跟着

C 動 뒤지다 　翻找

B 動 뒤집다[-따] 　❶翻, 反 ❷颠倒

❸推翻

B 名 뒤쪽 　后面

C 名 뒤편(-便) 　后边

C 名 뒷골목[뒤꼴-/뒫꼴-] 　窄胡同, 窄巷子

C 名 뒷모습[뒫-] 　背影

C 名 뒷문(-門)[뒨문] 　后门

B 名 뒷산(-山)[뒫싼] 　后山

C 副 드디어 　终于

B 名 드라마(drama) 　❶电视剧, 戏剧

❷剧本

C 動 드러나다 　❶露出 ❷暴露

❸扬名, 闻名

A 補 드리다 　表示'给, 与'的意思

A 動 드리다 　敬赠, 致

C 形 드물다 　❶稀少 ❷稀罕

❸稀疏

A 動 듣다[-따]	❶听, 听见 ❷接受
	❸挨
B 名 들	平原, 田野
A 動 들다	❶进入, 加入
	❷定居, 搬进
	❸住(旅馆)
A 動 들다	❶拿, 提 ❷抬, 举
B 動 들다	❶吃 ❷(刀子)快
B 動 들려오다	传来
B 動 들려주다	讲述, 告诉
B 動 들르다	顺便去
B 動 들리다	听见, 听到
A 動 들어가다[드러-]	❶进, 入 ❷上, 参加
	❸凹进去
B 動 들어서다[드러-]	❶进入, 进到
	❷站立
A 動 들어오다[드러-]	❶进, 入 ❷参加
	❸进去
C 動 들어주다[드러-]	(帮别人)拿, 抬
C 動 들여놓다[드려노타]	❶搬进去, 放进去
	❷使之进来

B 動들여다보다[드려-]　　窥视, 仔细看

C 動들이다[드리-]　　染(色)

C 動들이마시다[드리-]　　深深吸气

C 動들이켜다[드리-]　　❶痛饮

　　　　❷一个劲儿地锯

C 名듯[듣]　　表示'好像'

C 補듯싶다[듣십따]　　好像

B 名듯이[드시]　　好像

C 補듯하다[드타-]　　好像

B 名등　　背

B 名등(等)　　等等

B 名등(等)　　等级

C 名등등(等等)　　等等

B 名등록(登錄)(하)[-녹]　　登记, 注册

B 名등록금(登錄金)[-녹끔]　　注册费, 学费

C 名등록증(登錄證)[-녹쯩]　　登记证, 身份证

C 動등록하다(登錄-)[-노카-]　　登记, 注册

A 名등산(登山)(하)　　爬山, 登山

B 名등산로(登山路)[-노]　　登山道

C 名등장(登場)(하)　　登场, 登台

C 動등장하다(登場-)　　登场, 登台

130

C	名 디스크(disk)	❶唱片 ❷磁盘
B	名 디자이너(designer)	设计师
B	名 디자인(design)(하)	设计, 图案
C	名 따님	令媛, 令千金
B	動 따다	❶摘, 采
		❷剖开, 割开
A	形 따뜻하다[-뜨타-]	温暖
B	動 따라가다	跟随, 追赶
C	動 따라다니다	追随
C	副 따라서	因此, 于是, 随之
B	動 따라오다	追赶, 赶上
B	副 따로	另外, 不一块儿
C	副 따로따로	各自, 分别, 分头
B	動 따르다	倒, 斟
B	動 따르다	❶跟随 ❷追赶
		❸伴随
C	形 따스하다	温暖
B	副 딱	嗒的一声, 砰的一声
C	副 딱	❶完全停止
		❷全都, 完全

❸正好

C 形딱딱하다[-따카-] ❶硬, 坚硬 ❷生硬

B 冠딴 别的, 另外的

A 名딸 女儿

A 名딸기 草莓

C 名딸아이[따라-] 小女孩儿, 女儿

B 名땀 汗

B 名땅 土地

C 名땅바닥[-빠-] 地面

C 名땅속[-쏙] 地下

B 名땅콩 花生

A 名때 ❶时候 ❷时期
❸餐, 顿

C 名때 污垢, 泥

B 副때때로 间或, 有时

C 副때로 间或, 有时

C 動때리다 打, 揍

A 名때문 表示原因, 理由,
缘故

B 名땜 表示原因, 理由,
缘故

C	動 떠나가다	离开
A	動 떠나다	❶离开
		❷出发, 动身
		❸脱离, 抛弃
C	動 떠나오다	(离开某地)回来
B	動 떠들다	❶吵闹, 喧哗
		❷纷纷
C	形 떠들썩하다[-써카-]	❶吵闹, 喧闹
		❷议论纷纷
B	動 떠오르다	❶升起, 浮上
		❷浮现
B	動 떠올리다	浮现
A	名 떡	糕饼
C	名 떡국[-꾹]	年糕汤
B	名 떡볶이[-뽀끼]	炒年糕
B	動 떨다	颤抖, 发抖
B	動 떨리다	颤抖, 发抖
B	動 떨어뜨리다[떠러-]	❶使掉落, 使降低
		❷低(头)
B	動 떨어지다[떠러-]	❶落, 掉落
		❷好, 痊愈

❸改掉

C 名 떼　群

B 動 떼다　❶取下, 扯下

❷拿开 ❸拆开

A 副 또　又, 再, 还

B 副 또는　又, 再, 还有

B 副 또다시　再一次, 又一次

B 副 또한　❶也 ❷并且

A 形 똑같다[-깓따]　完全一样,

一模一样

B 副 똑같이[-까치]　完全一样地

B 形 똑똑하다[-또카-]　❶清楚 ❷聪明

A 副 똑바로[-빠-]　❶正确地,

毫无差错地

❷端正

B 名 뚜껑　盖子

C 動 뚫다[뚤타]　❶穿, 钻

❷冲破, 突破

B 形 뚱뚱하다　肥胖

C 動 뛰놀다　跳动, 跳着玩

A 動 뛰다　(心脏)跳动

A	動 뛰다	跳, 跑
C	動 뛰어가다	跑过去
B	動 뛰어나가다	跑出去
C	形 뛰어나다	卓越, 超人
C	動 뛰어나오다	跑出来, 跳出来
C	動 뛰어내리다	跳下来
C	動 뛰어넘다[-따]	跃过, 跨过
C	動 뛰어놀다	跳动, 跳着玩
B	動 뛰어다니다	跑来跑去
B	動 뛰어들다	闯进, 冲进
B	動 뛰어오다	跑过来
C	動 뛰어오르다	❶跳上 ❷上涨
A	形 뜨겁다[-따]	❶烫 ❷炎热 ❸热情, 热烈
C	動 뜨다	离开, 动身
B	動 뜨다	睁
B	動 뜨다	❶飞 ❷升 ❸漂, 浮
C	動 뜯다[-따]	❶撕, 扯, 剥 ❷拔, 摘, 采
C	名 뜰	院子
B	名 뜻[뜯]	❶意志

❷意思, 意味

C 副뜻대로[뜯-]　　　　遂願

C 名뜻밖[뜯빡]　　　　意外, 出乎意料

C 副뜻밖에[뜯빠께]　　意外, 出乎意料,
　　　　　　　　　　不料

C 動뜻하다[뜨타-]　　　❶决心 ❷意味

C 動띄다[띠-]　　　　看见, 展现

C 動띄우다[띠-]　　　飘, 浮

A	名 라디오(radio)	收音机
A	名 라면	方便面
C	名 라운드(round)	轮, 回合, 场
C	名 라이벌(rival)	❶竞争者, 对手
		❷情敌
B	名 라이터(lighter)	打火机
C	名 라인(line)	线
C	名 라켓(racket)[-켇]	球拍
A	名 러시아(Russia)	俄罗斯
B	名 런던(London)	伦敦
B	名 레몬(lemon)	柠檬
B	名 레스토랑(프restaurant)	西餐厅
C	名 레이저(laser)	激光
C	名 레저(leisure)	❶闲暇, 空闲时间
		❷消遣
B	名 렌즈(lens)	❶透镜, 镜片
		❷镜头
C	名 로봇(robot)[-볻]	机器人
C	名 로터리(rotary)	转盘道, 十字路口

C 名리(里)　　　　　里
C 名리그(league)　　　同盟, 联盟
B 名리듬(rhythm)　　　节奏, 音律
C 名리터(liter)　　　　升

B 副 마구
① 乱, 使劲
② 马马虎虎

C 名 마누라
老婆

B 名 마늘
大蒜

C 名 마당
庭院, 院子

C 名 마당
场面, 局面

C 名 마디
① 节 ② 句

C 形 마땅하다
① 恰当, 妥当
② 应该, 应当

C 名 마라톤(marathon)
马拉松

C 名 마련
总是

C 名 마련(하)
准备, 储备, 筹备

B 動 마련되다
备有, 准备着

B 動 마련하다
准备, 储备, 筹备

B 名 마루
地板

B 動 마르다
① 干, 枯萎 ② 渴

A 名 마리
只, 匹, 头

C 名 마무리(하)
完成, 结束

B 名 마사지(massage)(하)
按摩, 推拿

A 動마시다　　　　　喝, 饮

C 名마약(痲藥)　　　毒品

C 名마요네즈(프 mayonnaise)　蛋黄酱

B 名마을　　　　　　村, 村庄

A 名마음　　　　　　心, 心意, 心眼

C 名마음가짐　　　　心眼, 决心

C 副마음껏[-껀]　　　尽情地, 尽量地

B 副마음대로　　　　随便地,

　　　　　　　　　　随心所欲地

C 動마음먹다[-따]　　决心, 决意

B 名마음속[-쏙]　　　心里

C 名마음씨　　　　　心地, 心意

C 名마이크(mike)　　麦克风

B 副마주　　　　　　相对, 正对, 面对

C 動마주치다　　　　❶碰

　　　　　　　　　　❷邂逅, 偶然相遇

B 名마중(하)　　　　迎接, 出迎

A 名마지막　　　　　最后, 最终

B 名마찬가지　　　　一样, 同样

C 名마찰(摩擦)(하)　摩擦

B 副마치　　　　　　好像, 似乎

140

B 動 마치다	完成, 结束
B 副 마침	恰恰, 恰好, 正好
B 副 마침내	终于, 最后
C 名 마크(mark)(하)	商标, 记号
A 數 마흔	四十
B 副 막	刚, 刚刚
B 副 막	乱
C 名 막걸리	马格利酒
B 名 막내[망-]	老幺
B 動 막다[-따]	❶挡, 阻挡 ❷阻止
C 副 막상[-쌍]	事实上, 实际上
B 動 막히다[마키-]	❶接不下去
	❷堵塞
C 名 만	表示长时间
C 名 만	表示可以, 值得
B 冠 만(滿)	满, 整
A 冠 만(萬)	万
A 數 만(萬)	一万, 万
A 動 만나다	❶相逢, 碰见
	❷见面
B 名 만남	相逢, 相遇

B 名 만두 饺子, 包子
A 動 만들다 ❶制造
❷编写, 编纂
B 動 만들어지다[-드러-] 被制造, 制成
C 形 만만하다 ❶软, 松软
❷十足
C 名 만세(萬歲) 万岁
B 名 만약(萬若)[마냑] 万一
B 名 만일(萬一)[마닐] 万一
C 名 만점(滿點)[-쩜] 满分
C 名 만족(滿足)(하) 满足, 满意
C 形 만족스럽다(滿足-) 满足, 满意
B 動 만족하다(滿足-)[-조카-] 满足, 满意
B 形 만족하다(滿足-)[-조카-] 满足, 满意
B 動 만지다 ❶摸, 抚摸 ❷鼓捣
B 名 만큼 ❶表示程度
❷表示原因, 理由
C 補 만하다 ❶般 ❷正是
B 名 만화(漫畫) 漫画
C 名 만화가(漫畫家) 漫画家
A 形 많다[만타] 多

B	勤 많아지다[마나-]	变多
A	副 많이[마니]	多
B	名 말	马
B	名 말(末)	末
A	名 말(하)	话语, 话
C	名 말기(末期)	❶末期
		❷晚年, 老年
C	勤 말다	卷
A	勤 말다	停止, 作罢, 勿
A	補 말다	❶表示'不要, 别'
		❷表示'不'
C	勤 말리다	弄干, 晾
C	勤 말리다	劝架, 劝解
A	名 말씀(하)	话('말'的尊称)
B	勤 말씀드리다	告诉(对长辈)
A	勤 말씀하다	讲话('말하다'的尊称)
C	副 말없이[마럽시]	默默地, 无声地
C	名 말투(-套)	❶语气, 口气
		❷调, 口音
A	勤 말하다	说

ㅁ

A 形 맑다[막따]	❶明亮 ❷晴朗 ❸清澈
C 名 맘	心
C 副 맘대로	随便地, 随心所欲地
A 名 맛[맏]	味道
C 動 맛보다[맏뽀-]	品尝
A 形 맛없다[마덥따]	不好吃
A 形 맛있다[마싣따]	好吃, 有滋味
C 動 망설이다[-서리-]	犹豫, 迟疑
C 名 망원경(望遠鏡)	望远镜
C 動 망치다	弄坏, 搞坏, 毁灭
C 動 망하다(亡-)	❶灭亡, 垮台 ❷破产 ❸该死
B 動 맞다[맏따]	正确
B 動 맞다[맏따]	挨打
B 動 맞다[맏따]	迎接
B 動 맞서다[맏써-]	❶面对面站着 ❷对抗, 顶撞
B 名 맞은편(-便)[마즌-]	对面, 对方
C 動 맞이하다[마지-]	迎接

B 動 맞추다[맏-]　❶装配

❷合着, 配合

B 動 맡기다[맏끼-]　存放

B 動 맡다[맏따]　担任

C 動 맡다[맏따]　闻, 嗅

C 名 매　棍, 鞭子

C 名 매너(manner)　❶举止

❷礼貌, 规矩

B 副 매년(每年)　每年

B 動 매다　系

C 副 매달(每-)　每月

C 動 매달다　系, 挂

C 動 매달리다　❶纠缠 ❷投靠, 依

赖 ❸埋头

B 名 매력(魅力)　魅力, 吸引力

C 副 매번(每番)　每次

C 名 매스컴　大众传媒
(mass communication)

A 副 매우　很, 非常

A 名 副 매일(每日)　每天

C 名 매장(賣場)　小商店, 小铺

C 副 매주(每週)   每周

C 名 매체(媒體)   媒体

A 名 맥주(麥酒)[-쭈]   啤酒

B 冠 맨   最, 第一

A 形 맵다[-따]   ❶辣 ❷凶狠, 毒辣

C 動 맺다[맫따]   ❶结 ❷缔结

A 名 머리   头

C 名 머리말   序言, 前言

B 名 머리카락   头发

C 名 머리칼   头发

B 名 머릿속[-릳쏙]   脑海中

B 動 머무르다   停止, 逗留

C 動 머물다   停留, 逗留

C 動 먹고살다[-꼬-]   生计, 营生

C 動 먹다[-따]   聋

A 補 먹다[-따]   表示行为或状态的完成

A 動 먹다[-따]   吃

C 名 먹이[머기]   饲料, 粮食

B 動 먹이다[머기-]   喂

B 動 먹히다[머키-]   被吃掉, 被吞

A 副먼저	首先
B 名먼지	尘埃, 灰尘
A 形멀다	远, 遥远
B 副멀리	远远地
B 動멀어지다[머러-]	远, 疏远
B 動멈추다	停止, 停住
B 名멋[먿]	姿态, 风采
B 形멋있다[머싣따]	很漂亮, 很帅
C 形멋지다[먿찌-]	美, 漂亮
C 副멍멍	(拟声语)汪汪
C 動멎다[먿따]	停止
A 名메뉴(menu)	菜单
B 動메다	背, 扛
B 名메모(memo)(하)	记录, 备忘录
B 名메시지(message)	消息, 口信, 情报
C 動메우다	使…背, 扛
B 名메일(mail)	邮件
B 名며느리	儿媳妇
A 名며칠	几天
C 名면(綿)	棉布或棉丝
C 名면(面)	面

ㅁ

C	名 면(面)	面(韩国的行政区域之一)
C	名 면담(面談)(하)	面谈
C	名 면적(面積)	面积
C	名 면접(面接)(하)	面试
C	動 면하다(免-)	免, 避免
C	名 멸치	小银鱼
A	名 명(名)	名(量词)
C	名 명단(名單)	名单
B	名 명령(命令)(하)[-녕]	命令
C	名 명령어(命令語)[-녕-]	命令语
C	名 명예(名譽)	名誉
C	名 명의(名義)[-이]	名义
B	名 명절(名節)	节日
C	名 명칭(名稱)	名称
B	名 명함(名銜)	名片
C	形 명확하다(明確-)[-화카-]	明确
A	冠 몇[면]	几, 若干
B	冠 몇몇[면 멷]	少数, 几
B	冠 몇십[멷씹]	几十
C	代 冠 모(某)	某

C 名 모금	口
B 名 모기	蚊子
B 名 모니터(monitor)	监督程序, 显示器
B 名 모델(model)	模特儿, 模型
A 副 모두	❶全部, 总共
	❷大家
A 名 모두	全部
A 冠 모든	所有
B 名 모래	沙
B 名 모레	后天
A 動 모르다	不知道, 不懂
C 名 모범(模範)	模范, 榜样
C 動 모색하다(摸索-)[-새카-]	摸索
B 名 모습	样子, 模样, 姿态
B 動 모시다	❶侍奉 ❷陪, 陪同
B 名 모양(模樣)	样子, 姿态
B 名 모양(模樣)	好像是
C 動 모여들다	云集, 聚集
B 動 모으다	❶收集
	❷集合, 召集
B 動 모이다	集合, 聚集

ㅁ

B 名 모임	集会, 聚会
A 名 모자(帽子)	帽子
B 動 모자라다	不够, 不足
C 副 모조리	全部
C 名 모집(募集)	招募
C 動 모집하다(募集-)[-지파-]	招募
C 副 모처럼	难得, 好不容易
C 名 모퉁이	角落
A 名 목	脖子, 嗓子
B 名 목걸이[-꺼리]	项链
C 名 목록(目錄)[몽녹]	目录
B 名 목사(牧師)[-싸]	牧师
B 名 목소리[-쏘-]	❶声音, 话音 ❷呼声
C 名 목숨[-쑴]	命, 生命
A 名 목요일(木曜日)[모교-]	星期四
A 名 목욕(沐浴)(하)[모곡]	洗澡
B 名 목욕탕(沐浴湯)[모곡-]	澡堂
B 名 목적(目的)[-쩍]	目的
B 名 목표(目標)	目标
B 動 몰다	❶赶 ❷开, 驾驶

B 副 몰래　　　　　　　　　　　　悄悄地, 偷偷地

C 動 몰려들다　　　　　　　　　　涌进

C 動 몰려오다　　　　　　　　　　蜂拥而至

A 名 몸　　　　　　　　　　　　　身体

C 名 몸매　　　　　　　　　　　　身姿, 身段

B 名 몸무게　　　　　　　　　　　体重

B 名 몸살　　　　　　　　　　　　(过累引起的)病痛

C 名 몸속[-쏙]　　　　　　　　　体内

C 名 몸짓(하)[-찓]　　　　　　身体的动作

C 名 몸통　　　　　　　　　　　　身躯, 块头

B 副 몹시[-씨]　　　　　　　　　十分, 非常

A 副 못[몯]　　　　　　　　　　不, 不能

C 名 못[몯]　　　　　　　　　　钉子

C 形 못되다[몯뙤-]　　　　　　坏

C 形 못생기다[몯쌩-]　　　　　难看, 长得丑

C 形 못지않다[몯찌안타]　　　不低于, 不差

A 動 못하다[모타-]　　　　　　不会, 不能

A 形 못하다[모타-]　　　　　　不如, 差

A 補 못하다[모타-]　　　　　　不会, 不能

C 名 묘사(描寫)　　　　　　　　描写

C 動 묘사하다(描寫-)　　　　　描写

B 名 무	萝卜
C 名 무(無)	无
A 形 무겁다[-따]	❶重,沉
	❷沉着,稳重
B 名 무게	❶重量 ❷有价值
C 名 무관심(無關心)(하)	莫不关心
C 形 무관심하다(無關心-)	莫不关心
C 名 무궁화(無窮花)	木槿花
C 名 무기(武器)	武器
C 動 무너지다	垮, 垮台
B 名 무늬[-니]	纹理, 花纹
C 名 무대(舞臺)	舞台
B 名 무더위	炎热, 闷热
C 名 무덤	坟墓
C 形 무덥다[-따]	闷热
C 副 무려(無慮)	足有
B 名 무렵	时候
C 名 무료(無料)	免费
B 名 무릎[-릅]	膝盖
C 名 무리	群
C 名 무리(無理)(하)	无理

C 形 무리하다(無理-) ❶无理 ❷勉强
C 形 무사하다(無事-) 平安
B 形 무섭다[-따] ❶可怕, 害怕
❷惊人的 ❸厉害
A 冠 무슨 什么
B 動 무시하다(無視-) 无视, 轻视
B 代 무어 什么
A 代 무엇[-얻] 什么
B 名 무역(貿易)(하) 贸易
B 名 무용(舞踊)(하) 舞蹈
C 名 무용가(舞踊家) 舞蹈家
C 形 무의미하다(無意味-) 没意思, 无意义
B 副 무조건(無條件)[-껀] 无条件
C 名 무지개 虹
C 形 무책임하다(無責任-)[-채김-] 不负责任
B 副 무척 非常, 极为
C 動 묵다[-따] 投宿, 逗留
C 動 묵다[-따] 旧, 陈旧
B 動 묶다[묵따] ❶捆扎 ❷团结
C 動 묶이다[무끼-] '묶다'的使动形, 被动

A 名 문(門)	门
C 名 문구(文句)	句子
C 副 문득[-뜩]	突然, 忽然
C 名 문밖(門-)[-박]	门外
C 名 문법(文法)[-뻡]	文法, 语法
C 名 문서(文書)	文件, 公文
C 名 문자(文字)[-짜]	文字
B 名 문장(文章)	❶文章 ❷句子
A 名 문제(問題)	❶题目 ❷问题
C 動 문제되다(問題-)	成问题
B 名 문제점(問題點)	问题的焦点
B 名 문학(文學)	文学
C 名 문학적(文學的)	文学的
B 名 문화(文化)	文化
C 名 문화재(文化財)	文化遗产
C 名 문화적(文化的)	有关文化的, 有文化的
C 動 묻다[-따]	埋葬, 埋没
A 動 묻다[-따]	问, 询问
B 動 묻다[-따]	附着, 沾染
C 動 묻히다[무치-]	被埋

C	動	묻히다[무치-]	沾
A	名	물	水
C	名	물가(物價)[-까]	物价
A	名	물건(物件)	物品, 东西
C	名	물결[-껼]	水波, 波浪
B	名	물고기[-꼬-]	鱼
C	名	물기[-끼]	水气, 水分
B	動	물다	叮, 衔
C	動	물러나다	❶让开, 躲开 ❷辞职
A	名副	물론(勿論)	当然, 不用说
C	名	물리학(物理學)	物理学
B	名	물속[-쏙]	水中
A	動	물어보다[무러-]	问一问
B	名	물음[무름]	提问
C	名	물질(物質)[-찔]	物质
C	名	물질적(物質的)[-찔-]	物质的
C	名	물체(物體)	物体
A	感	뭐	什么
A	代	뭐	什么
C	感	뭘	什么

C	代 뭣[뭘]	什么
C	名 미(美)	美
A	名 미국(美國)	美国
C	動 미끄러지다	❶滑, 滑倒
		❷没考上
C	形 미끄럽다	滑, 光滑
C	名 미니(mini)	迷你, 小型
B	名 미디어(media)	媒体
B	名 미래(未来)	未来
C	動 미루다	❶推迟 ❷推诿
B	副 미리	预先, 事先
C	名 미만(未滿)	未满
C	名 미사일(missile)	导弹
B	名 미소(微笑)(하)	微笑
B	名 미술(美術)	美术
B	名 미술관(美術館)	美术馆
C	名 미스(Miss)	小姐
A	形 미안하다(未安-)	对不起, 不好意思
C	名 미역	海带
C	名 미용실(美容室)	美容室
C	名 미움	憎恶, 厌恶

B 勳미워하다　　　恨, 憎恨

B 名미인(美人)　　　美人

C 副미처　　　未及, 来不及

B 勳미치다　　　及, 到

B 勳미치다　　　❶疯狂, 发疯

❷着迷

A 名미터(meter)　　　米(量词)

B 名미팅(meeting)(하)　　　❶(男女之间的)相

见 ❷会议, 集会

C 名미혼(未婚)　　　未婚

C 名민간(民間)　　　民间

C 名민속(民俗)　　　民俗

B 名민족(民族)　　　民族

C 名민주(民主)　　　民主

C 名민주주의(民主主義)　　　民主主义

C 名민주화(民主化)　　　民主化

B 勳믿다[-따]　　　❶相信, 信任

❷信仰, 信奉

C 勳믿어지다[미더-]　　　相信, 信仰

B 名믿음[미듬]　　　❶相信, 信任

❷信仰, 信奉

B 名 밀가루[-까-]	面粉
B 動 밀다	推
C 動 밀리다	❶拥挤
	❷堆积, 积压
B 名 밀리미터(millimeter)	毫米
C 形 밀접하다(密接-)[-쩌파-]	密切, 紧密
B 形 밉다[-따]	❶讨厌 ❷难看
B 副 및[믿]	与, 以及
A 名 밑[믿]	下边
C 名 밑바닥[믿빠-]	底面

C	名	바	(压强的厘米克秒制单位)巴, 巴尔
C	名	바(bar)	酒吧
C	名	바가지	瓢
C	名	바구니	篮子
B	名	바깥[- 깓]	外边
C	名	바깥쪽[- 깓-]	外边
A	動	바꾸다	换, 交换
B	動	바뀌다	换
A	名	바나나(banana)	香蕉
B	名	바늘	针
A	名	바다	海
B	名	바닥	❶底面 ❷底子
B	名	바닷가[-다까/-닫까]	海边
B	名	바닷물[-단-]	海水
B	動	바라다	希望, 预祝
B	動	바라보다	❶望着 ❷眺望 ❸观望
C	名	바람	希望

A	名 바람	风
A	名 바람에	因为
C	形 바람직하다[-지카-]	可望
A	副 바로	❶一直 ❷照实 ❸就是
C	動 바로잡다[-따]	❶弄直, 扶正 ❷纠正
B	動 바르다	裱糊
B	形 바르다	❶端正 ❷正直, 耿直
B	名 바보	傻瓜
A	形 바쁘다	❶忙, 忙碌 ❷急
C	副 바싹	❶沙沙地 ❷焦干 ❸紧靠
B	名 바위	岩石
C	名 바이러스(virus)	病毒
B	名 바이올린(violin)	小提琴
A	名 바지	裤子
C	動 바치다	❶缴纳, 交 ❷献出
C	名 바퀴	圈
C	名 바퀴	车轮

C	名바탕	底子, 根底
C	名박(泊)	晚
C	動박다[-따]	❶钉, 捶 ❷生(根)
A	名박물관(博物館)[방-]	博物馆
B	名박사(博士)[-싸]	博士
B	名박수(拍手)(하)[-쑤]	鼓掌
B	名박스(box)	箱, 匣
C	動박히다[바키-]	铭刻, 铭记
A	名밖[박]	外边
A	名반(半)	一半
A	名반(班)	班
A	形반갑다[-따]	高兴
C	動반기다	(高兴地)迎接, 欢迎
B	名반대(反對)(하)	反对
C	名반대편(反對便)	相反面
B	動반대하다(反對-)	反对
B	副반드시	一定, 必须
C	名반말(半-)	非敬语
C	名반면(反面)	反面
C	名반발(反撥)(하)	❶弹回 ❷反抗
C	動반복되다(反復-)	反复

ㅂ

B	動	반복하다(反復-)[-보카-]	反复
C	名	반성(反省)(하)	反省
C	動	반성하다(反省-)	反省
C	動	반영하다(反映-)[바녕-]	反映
C	名	반응(反應)(하)[바능]	反应
B	名	반장	班长
C	名	반죽(하)	❶和, 揉 ❷和好的面
B	名	반지(斑指)	戒指, 指环
C	動	반짝거리다	闪耀
C	動	반짝이다	❶眨 ❷闪烁, 闪耀
B	名	반찬(飯饌)	菜肴
B	動	반하다(反-)	相反
A	動	받다[-따]	❶受, 接 ❷买 ❸接受 ❹打 ❺支撑
B	動	받아들이다[바다드리-]	❶吸收 ❷承诺
B	名	받침	❶托子 ❷收音
A	名	발	脚, 足
B	名	발가락[-까-]	脚趾
C	名	발걸음[-꺼름]	步伐

B	名 발견(發見)(하)	发现
B	動 발견되다(發見-)	被发现
B	動 발견하다(發見-)	发现
C	名 발길[-낄]	脚, 脚步
C	名 발끝[-끝]	脚尖
B	名 발달(發達)(하)[-딸]	发达
C	動 발달되다(發達-)[-딸-]	变发达
B	動 발달하다(發達-)[-딸-]	发达
B	名 발등[-뜽]	脚背
C	名 발레(ballet)	芭蕾舞
B	名 발목	脚腕
C	名 발바닥[-빠-]	脚掌
B	名 발생(發生)(하)[-쌩]	发生
B	動 발생하다(發生-)[-쌩-]	发生
A	名 발음(發音)(하)[바름]	发音
B	動 발음하다(發音-)[바름-]	发音
C	名 발자국[-짜-]	足迹, 脚印
B	名 발전(發展)(하)[-쩐]	发展
C	名 발전(發電)(하)[-쩐]	发电
C	動 발전되다(發展-)[-쩐-]	被发展
B	動 발전하다(發展-)[-쩐-]	发展

ㅂ

C 名발톱　　　　脚指甲

B 名발표(發表)(하)　　发表

C 動발표되다(發表-)　　发表

B 動발표하다(發表-)　　发表

C 動발휘하다(發揮-)　　发扬, 发挥

B 動밝다[박따]　　亮

A 形밝다[박따]　　亮, 明朗

C 動밝아지다[발가-]　　变亮

C 動밝혀내다[발켜-]　　查出

C 動밝혀지다[발켜-]　　被查出, 被发现

B 動밝히다[발키-]　　❶熬夜 ❷拨亮
　　　　　　　　　　❸阐明 ❹敏锐

B 動밟다[밥따]　　❶踏 ❷追踪 ❸办

B 名밤　　栗子

A 名밤(夜)　　夜

B 名밤낮[-낟]　　❶昼夜 ❷老是

B 形밤늦다[-늗따]　　夜已深

C 名밤새[-쌔]　　夜间

B 動밤새다　　通宵

C 動밤새우다　　通宵

C 名밤색(-色)　　栗色

B	名 밤중(-中)[-쯩]	半夜, 深夜
C	名 밤하늘	夜空
A	名 밥	饭
B	名 밥그릇[-끄 른]	饭碗
B	名 밥맛[밤맏]	❶饭味 ❷食欲
C	名 밥상(-床)[-쌍]	饭桌
B	名 밥솥[-쏟]	饭锅
A	名 방(房)	房间
B	副 방금(方今)	刚才, 刚刚
C	名 방면(方面)	方面
B	名 방문(房門)	房间的门
B	名 방문(訪問)(하)	访问
B	動 방문하다(訪問-)	访问
C	名 방바닥(房-)[-빠-]	地板
B	名 방법(方法)	方法
B	名 방송(放送)(하)	广播, 播送
B	名 방송국(放送局)	广播电台
C	名 방송사(放送社)	广播公司
C	動 방송하다(放送-)	广播, 播送
C	名 방식(方式)	方式
C	名 방안(方案)	方案

ㅂ

C	名방울	珠(子)
C	名방울	铃
C	名방지(防止)(하)	防止
C	動방지하다(防止-)	防止
A	名방학(放學)(하)	放假
C	名방해(妨害)(하)	妨害, 妨碍
C	動방해하다(妨害-)	妨害, 妨碍
B	名방향(方向)	方向
B	名밭[받]	旱地
A	名배	肚子
A	名배	梨
A	名배	船
C	名배(倍)	倍
B	名배경(背景)	❶背景 ❷布景 ❸靠山
A	形배고프다	饿
B	名배구(排球)	排球
B	名배꼽	❶肚脐儿 ❷蒂
C	動배다	浸透
B	名배달(配達)(하)	送, 投递
B	名배드민턴(badminton)	羽毛球

A	形 배부르다	饱
B	名 배우(俳優)	演员
A	動 배우다	(从别人)学习
C	名 배우자(配偶者)	伴侣, 配偶
B	名 배추	白菜
C	名 배추김치	泡菜
C	名 배치(配置)(하)	❶安排, 配置 ❷分配
A	冠 백(百)	一百
A	數 백(百)	百
C	名 백두산(白頭山)[-뚜-]	白头山
C	名 백색(白色)[-쌕]	白色
C	名 백성(百姓)[-썽]	百姓
C	名 백인(白人)[배긴]	白人
C	名 백제(百濟)[-쩨]	百济
A	名 백화점(百貨店)[배콰-]	百货店
B	名 뱀	蛇
C	名 뱃사람[밷싸-]	船夫, 船员
C	動 뱉다[밷따]	吐
C	動 버려지다	被抛弃, 被丢弃
B	名 버릇[-른]	习惯, 习气

ㅂ

A 補 버리다　　　表示完毕

B 動 버리다　　　❶扔掉, 抛弃

　　　　　　　　❷弄坏

　　　　　　　　❸(人)毁掉, 毁坏

B 名 버섯[-섣]　　蘑菇

A 名 버스(bus)　　公共汽车

B 名 버터(butter)　奶油, 黄油

B 名 버튼(button)　按键, 按钮

C 動 버티다　　　❶对抗, 反抗

　　　　　　　　❷坚持

A 名 번(番)　　　号(量词)

C 名 번개　　　闪电

C 形 번거롭다　　麻烦, 复杂

B 名 번역(飜譯)(하)[버녁]　翻译

C 動 번역하다(飜譯-)[버녀카-]　翻译

C 名 번지(番地)　(门牌)号

B 名 번째(番-)　第~

A 名 번호(番號)　号码

C 名 벌　　　虫

C 名 벌　　　套

C 名 벌(罰)　　　罚

C 名 벌금(罰金)	罚金
C 動 벌다	挣, 赚
C 副 벌떡	突然, 猛然
B 名 벌레	虫, 昆虫
B 動 벌리다	张开
A 副 벌써	已经
C 動 벌어지다[버러-]	裂开, 分开
B 動 벌어지다[버러-]	展开
B 動 벌이다[버리-]	❶摊开, 摆开
	❷开设
	❸开始 ❹ 设
C 名 범위(範圍)[버뮈]	范围
C 名 범인(犯人)[버민]	犯人, 罪犯, 囚犯
C 名 범죄(犯罪)	犯罪
B 名 법(法)	法
C 名 법률(法律)[범뉼]	法律
C 名 법원(法院)[버붠]	法院
C 名 법적(法的)[-쩍]	法的
C 名 법칙(法則)	法则
B 動 벗기다[벋끼-]	❶扒, 剥
	❷掀开, 揭开

ㅂ

❸取下来 ❹拉开

A 動벗다[벋따] 　脱(衣服, 帽子)

B 名베개 　枕头

C 動베다 　割, 裁, 切

B 名베이징(北京) 　北京

C 名벤치(bench) 　长凳, 长椅

B 名벨트(belt) 　❶腰带, 皮带
　❷传送带

C 名벼 　稻子

B 名벽(壁) 　墙, 壁

C 名변경(變更)(하) 　改变, 变更, 更改

C 名변동(變動)(하) 　变动

C 名변명(辨明)(하) 　解释, 辩解

C 名변신(變身)(하) 　改装, 乔装

B 動변하다(變-) 　变, 变化

B 名변호사(辯護士) 　律师

B 名변화(變化)(하) 　变化

C 動변화되다(變化-) 　变化

B 動변화하다(變化-) 　变化

A 名별 　星星

B 冠별(別) 　奇怪的, 奇异的

C 形 별다르다(別-)　　特别

C 名 별도(別途)[-또]　　另外

B 副 별로(別-)　　特别

C 名 별명(別名)　　外号, 绰号, 别名

C 名 별일(別-)[-릴]　　❶特别的事,
奇怪的事
❷其他的

A 名 병(瓶)　　瓶

A 名 병(病)　　病

B 動 병들다(病-)　　得病

C 名 병실(病室)　　病房

C 名 병아리　　小鸡, 雏鸡

A 名 병원(病院)　　医院

B 名 보고(報告)(하)　　报告

B 名 보고서(報告書)　　报告

C 動 보고하다(報告-)　　报告

C 名 보관(保管)(하)　　保管

B 動 보관하다(保管-)　　保管

A 動 보내다　　❶派(人)
❷寄(信)送(东西)

C 動 보내오다　　送来

C 名 보너스(bonus)　　　奖金, 红利

A 動 보다　　　看

A 補 보다　　　表示尝试

A 副 보다　　　比, 更

C 名 보도(報道)(하)　　　报道

C 動 보도되다(報道-)　　　被报道

C 動 보도하다(報道-)　　　报道

C 名 보라색(-色)　　　紫色

B 名 보람　　　❶痕迹 ❷标志

　　　❸意义, 价值, 成效

C 名 보름　　　十五天

C 名 보리　　　大麦

C 動 보살피다　　　照顾, 照应

C 名 보상(補償)(하)　　　补偿

C 名 보수(保守)(하)　　　保守

C 名 보수(補修)(하)　　　补修

C 名 보수적(保守的)　　　保守的

C 名 보안(保安)(하)　　　保安

C 動 보완하다(補完-)　　　补充, 补救

B 動 보이다　　　(给人)看

B 動 보이다　　　看见, 被看

C	名	보자기(褓-)	小包, 小包袱, 包裹
C	名	보장(保障)(하)	保障
C	動	보장되다(保障-)	得到保障
C	動	보장하다(保障-)	保障
C	名	보전(保全)(하)	保全, 保存
C	名	보조(補助)(하)	补助, 补充
C	名	보존(保存)(하)	保存, 保留
C	動	보존하다(保存-)	保存
C	動	보충하다(補充-)	补充
A	名	보통(普通)	普通, 一般
B	副	보통(普通)	普通
C	名	보편적	普遍的
B	名	보험(保險)	保险
B	名	보호(保護)(하)	保护
C	動	보호되다(保護-)	保护
C	動	보호하다(保護-)	保护
C	名	복(福)	福, 福气
B	名	복도(複道)[-또]	走廊
B	名	복사(複寫)(하)[-싸]	复印
C	名	복사기(複寫機)[-싸-]	复印机
B	動	복사하다(複寫-)[-싸-]	复印

C	名 복숭아[-쑹-]	桃子
B	名 복습(復習)(하)[-씁]	复习
B	動 복습하다(復習-)[-쓰파-]	复习
A	形 복잡하다(複雜-)[-짜파-]	复杂
B	動 볶다[복따]	❶抄 ❷折磨
C	名 볶음[보끔]	炒
B	名 볶음밥[보끔-]	炒饭
C	冠 본(本)	本
C	名 본격적(本格的)[-껵쩍]	正规, 正式, 真正
B	名 본래(本來)[볼-]	原来, 本来
C	名 본부(本部)	本部
C	名 본사(本社)	❶总部 ❷本公司(社)
C	名 본성(本性)	本性
C	名 본인(本人)[보닌]	本人
C	名 본질(本質)	本质
C	名 볼	面颊
C	名 볼링(bowling)	保龄球
B	名 볼일[-릴]	要做的事
A	名 볼펜(ball pen)	圆珠笔
A	名 봄	春天

C	名 봉사(奉仕)(하)	服务
C	動 봉사하다(奉仕-)	服务
B	名 봉지(封紙)	纸袋儿, 纸套儿
B	名 봉투(封套)	信封, 封套
B	動 뵈다	看望
B	動 뵈다	'보이다'的略词
B	動 뵙다[-따]	拜会, 谒见
C	名 부(富)	财富
C	名 부(父)	父亲
B	名 부(部)	部, 本
B	名 부근(附近)	附近
B	名 부끄러움	❶害羞 ❷惭愧
B	形 부끄럽다[-따]	❶害羞, 害臊 ❷惭愧
C	名 부담(負擔)(하)	负担
C	動 부담하다(負擔-)	负担
C	名 부대(部隊)	部队
B	名 부동산(不動産)	不动产, 房地产
B	形 부드럽다[-따]	❶柔和, 细腻, 细嫩 ❷和顺, 温和
B	動 부딪치다[-딛-]	碰, 撞, 遇到

C	動 부딪히다[-디치-]	碰, 撞
B	動 부러워하다	羡慕
C	動 부러지다	折断
B	形 부럽다[-따]	羡慕
A	動 부르다	叫
B	形 부르다	饱
A	名 부모(父母)	父母
A	名 부모님(父母-)	父母('부모'的尊称)
C	名 부문(部門)	部门
A	名 부부(夫婦)	夫妻
B	名 부분(部分)	部分
C	名 부분적(部分的)	部分的, 局部的
A	名 부산(釜山)	釜山
C	名 부상(負傷)(하)	负伤, 受伤
C	名 부서(部署)	(工作)岗位, 部门
C	動 부서지다	❶碎, 破碎 ❷毁坏 ❸破灭
A	名 부엌[-억]	厨房
C	名 부위(部位)	部位
A	名 부인(夫人)	夫人
C	名 부인(婦人)	妇人

B	名	부자(富者)	富者, 有钱人
B	名	부작용(副作用)[-자굥]	副作用
B	名	부잣집(富者-)[-잗찝]	富户, 有钱人家
B	名	부장(部長)	部长
C	名	부재(不在)(하)	不在
C	名	부정(不正)(하)	不正, 腐败
C	名	부정적(否定的)	否定的
C	動	부정하다(否定-)	否定
B	名	부족(部族)	部族
B	名	부족(不足)(하)	不足
B	形	부족하다(不足-)[-조카-]	不足
B	形	부지런하다	勤快, 勤勉
C	副	부지런히	勤快地, 勤勉地
C	名	부채	扇子
B	名	부처	佛, 佛像
B	動	부치다	寄
C	名	부친(父親)	父亲
B	名	부탁(付託)(하)	付托, 委托
B	動	부탁하다(付託-)[-타카-]	付托, 拜托
C	名	부품(部品)	配件, 零部件
C	名	부피	体积

ㅂ

C	名	부회장(副會長)	副会长
B	名	북(北)	北
C	名	북부(北部)[-뿌]	北部
A	名	북쪽(北-)	北边
B	名	북한(北韓)[부칸]	朝鲜
A	名	분	位
A	名	분(分)	分钟
C	名	분노(憤怒)(하)	愤怒
C	名	분량(分量)[불-]	分量
C	名	분리(分離)(하)[불-]	分离
C	動	분리되다(分離-)[불-]	被分离
C	動	분리하다(分離-)[불-]	分离
B	副	분명(分明)(하)	分明, 清楚
C	形	분명하다(分明-)	分明, 清楚
C	動	분명해지다(分明-)	变明确
B	副	분명히(分明-)	分明地, 清楚地
C	名	분석(分析)(하)	分析
B	動	분석하다(分析-)[-서카-]	分析
C	名	분야(分野)[부냐]	领域
B	名	분위기(雰圍氣)[부뉘-]	气氛
C	形	분주하다(奔走-)	奔忙

C	動 분포하다(分布-)	分布
C	名 분필(粉筆)	粉笔
C	名 분홍색(粉紅色)	粉红色
A	名 불	火
B	形 불가능하다(不可能-)(하)	不可能
C	形 불가피하다(不可避-)(하)	不可避免, 难免
A	名 불고기	烤肉
C	副 불과(不過)(하)	不过
C	形 불과하다(不過-)	不过
B	名 불교(佛敎)	佛教
C	動 불구하다(不拘-, 不管-)	不拘, 不论
B	名 불꽃[-꼳]	火花, 烟火
A	動 불다	吹, 刮
C	動 불러일으키다[-이르-]	❶唤起, 号召~投入 ❷博得
C	動 불리다	泡(在水里)
B	動 불리다	被称为
C	形 불리하다(不利-)	不利
B	名 불만(不滿)(하)	不满
C	名 불법(不法)(하)[-뻡]	不法, 非法
C	名 불법(佛法)[-뻡]	佛法

B 名 불빛[-삗]	火光
B 形 불쌍하다	可怜
B 名 불안(不安)(하)[부란]	不安
B 形 불안하다(不安-)[부란-]	不安
C 動 불어오다[부러-]	吹来
C 形 불완전하다(不完全-)	不完全
C 名 불이익(不利益)[부리-]	损失
C 名 불편(不便)(하)	❶不便, 不方便 ❷不舒服
B 形 불편하다(不便)	❶不便, 不方便 ❷不舒服
C 名 불평(不平)(하)	不满, 不平
C 形 불평등하다(不平等-)	不平等
C 形 불필요하다(不必要)[-피료-]	不必要
C 名 불행(不幸)(하)	不幸
B 形 불행하다(不幸)	不幸
C 形 불확실하다(不確實-)	不确实
B 形 붉다[북따]	红
C 動 붐비다	❶混乱 ❷拥挤
B 動 붓다[붇따]	倒, 倾倒
C 動 붓다[붇따]	肿, 发肿

B 動붙다[붇따]　①贴, 粘 ②连接
③交手 ④靠
⑤合格
⑥着手, 动手
⑦寄生 ⑧配备
⑨生 ⑩有 ⑪养成
⑫看护 ⑬着(火)

C 動붙들다[붇뜰-]　①抓 ②动手
③逮住 ④扶助

B 動붙이다[부치-]　①打 ②寄予
③交谈 ④诉诸
⑤保(密)

C 動붙잡다[붇짭따]　①抓, 抓住 ②着手
③抓, 逮捕, 逮住

C 動붙잡히다[붇짜피-]　'붙잡다'的被动态

C 名브랜드(brand)　商标

B 名블라우스(blouse)　宽衫, 套衫

A 名비　雨

C 名비(碑)　碑

B 名비교(比較)(하)　比较

B 副비교적(比較的)　比较的

B 動비교하다(比較) 比较

C 名비극(悲劇) 悲剧

C 動비기다 比较

C 名비난(非難)(하) 贬斥, 责难

A 名비누 肥皂

B 名비닐(vinyl) 塑料, 乙烯

B 名비닐봉지(vinyl封紙) 塑料袋

C 動비다 空

C 名비둘기 鸽子

A 名비디오(video) 录象机

C 副비로소 才

C 動비롯되다[-롣-] 开始

C 動비롯하다[-로타-] 以…为首

C 名비만(肥滿)(하) 肥胖

C 名비명(悲鳴) 哀鸣, 悲鸣

B 名비밀(秘密) 秘密

C 名비바람 风雨

C 動비비다 ❶搓, 擦 ❷拌

A 名비빔밥[-빱] 拌饭

C 名비상(非常) ❶紧急, 非常

❷非凡

B 名비서(秘書)　　　　　秘书

A 形비슷하다[-스타-]　相似, 近似

A 形비싸다　　　　　　(价钱)贵

B 名비용(費用)　　　　　费用

C 動비우다　　　　　　空出, 腾出

C 動비웃다[-욷따]　　　讥笑, 嘲笑

C 名비율(比率)　　　　　比率

C 名비중(比重)　　　　　比重

C 動비추다　　　　　　❶照耀 ❷照射
　　　　　　　　　　　❸照 ❹按照

C 動비치다　　　　　　❶照, 照亮, 照射
　　　　　　　　　　　❷映照 ❸露出来

B 動비키다　　　　　　❶躲开, 让开 ❷移
　　　　　　　　　　　动, 挪动 ❸避开

B 名비타민(vitamin)　　维生素, 维他命

C 名비판(批判)(하)　　　❶批评 ❷批判

C 名비판적(批判的)　　批判的

B 動비판하다(批判-)　　批判

C 動비하다(比-)　　　　比, 比较

C 名비행(非行)　　　　　恶行, 胡作非为

C 名비행(飛行)(하)　　　飞行

A 名 비행기(飛行機)　　　飞机

C 名 비행장(飛行場)　　　机场

B 動 빌다　　　❶乞求, 祈求 ❷祝

B 名 빌딩(building)　　　大厦, 大楼

B 動 빌리다　　　❶借, 借重, 得到

　　　　　　　　❷采取, 采用

B 名 빗[빋]　　　梳, 拢

B 名 빗물[빈-]　　　雨水

C 名 빗방울[비빵-/빋빵-]　　　雨点儿, 雨滴

C 名 빗줄기[비쭐-/빋쭐-]　　　雨丝

C 名 빚[빋]　　　债

B 名 빛[빋]　　　❶光, 光彩

　　　　　　　　❷色, 颜色, 神色

C 名 빛깔[빋-]　　　色彩, 颜色

C 動 빛나다[빈-]　　　❶闪耀, 闪烁

　　　　　　　　❷发光

　　　　　　　　❸辉煌灿烂

C 動 빠뜨리다　　　❶掉进 ❷陷入

A 形 빠르다　　　快, 敏感

C 動 빠져나가다　　　钻出去, 溜出去

C 動 빠져나오다　　　摆脱

B 動빠지다 　　掉(头发)

B 動빠지다 　　掉, 落

A 名빨간색(-色) 　　红色

B 形빨갛다[-가타] 　　'발갛다'的硬词

C 動빨다 　　吸吮

B 動빨다 　　洗, 洗涤

B 名빨래 　　❶要洗的衣服

　　❷洗了的衣服

A 副빨리 　　赶快, 快速地

A 名빵 　　面包

C 動빼놓다[-노타] 　　❶漏掉, 拉下

　　❷除去, 丢下, 落下

B 動빼다 　　拔

C 動빼앗기다[-앋끼-] 　　被剥夺, 被抢

C 動빼앗다[-앋따-] 　　抢, 夺

C 動뺏다[뺃따] 　　'빼앗다'的略词

B 名뺨 　　❶面颊

　　❷东西的边或面

C 補뻔하다 　　差点儿

C 形뻔하다 　　'번하다'的硬词

B 動뻗다[-따] 　　❶'벋다'的硬词

❷‘죽다’的俗称

B 名뼈 ❶骨, 骨头

❷骨架子

B 動뽑다[-따] ❶拔 ❷伸 ❸抽

❹根除 ❺选, 选拔

C 動뽑히다[뽀피-] 被拔

B 名뿌리 ❶根 ❷根本, 根源

B 動뿌리다 ❶下(雪) ❷洒, 撩

❸散步, 播 ❹甩

C 動뿌리치다 ❶拂, 甩 ❷拒绝

B 名뿐 只, 光

A	數	사(四)	四
C	名	사건(事件)	事件
B	名	사계절(四季節)	四季
B	名	사고(事故)	事故
C	名	사고(思考)(하)	思考
A	名	사과(沙果)	苹果
C	名	사과(謝過)(하)	道歉, 陪罪
B	動	사과하다(謝過-)	道歉, 陪罪
C	動	사귀다	交(朋友)
C	名	사기(士氣)	士气, 干劲
C	名	사나이	男子
C	名	사냥(하)	打猎, 狩猎
A	動	사다	❶购买 ❷换回(钱) ❸自找, 自讨 ❹讨, 惹
C	動	사들이다[-드리-]	买进, 买入
B	動	사라지다	❶消, 消失, 消去 ❷熄, 灭 ❸化, 融化
A	名	사람	人

A 名사랑(하)   爱, 爱情

B 形사랑스럽다[-따]   可爱

A 動사랑하다   爱

C 名사례(謝禮)(하)   谢礼, 报酬

C 名사립(私立)   私立

C 名사망(死亡)(하)   死亡

C 動사망하다(死亡-)   死亡

B 名사모님(師母-)   师母

B 名사무(社務)   事务

C 名사무소(事務所)   事务所

A 名사무실(事務室)   办公室

C 名사무직(事務職)   文职

B 名사물(事物)   事物

C 名사방(四方)   四处, 到处

C 名사상(思想)   思想

C 名사생활(私生活)   私生活

C 名사설(社說)   社论

C 形사소하다(些少-)   ❶琐碎

        ❷少许一点儿

C 名사슴   鹿

B 名사실(事實)   事实

B 名 사실(史實)	史实
C 副 사실상(事實上)[-쌍]	事实上
A 數 사십(四十)	四十
B 名 사업(事業)(하)	事业
C 名 사업가(事業家)[-까]	事业家
C 名 사업자(事業者)[-짜]	事业者
B 名 사용(使用)(하)	使用
B 動 사용되다(使用-)	被使用
B 名 사용자(使用者)	使用者, 用户
A 動 사용하다(使用-)	使用
B 名 사원(社員)	社员, 员工
A 名 사월(四月)	四月
B 名 사위	女婿
A 名 사이	间隔, 距离
C 名 사이사이	当中, 中间
B 形 사이좋다[-조타]	关系好, 亲密
B 名 사자(獅子)	狮子
A 名 사장(社長)	总经理, 老板
C 名 사전(事前)	事前
A 名 사전(辭典)	词典
C 名 사정(事情)(하)	❶情况

		❷恳求, 求情
A	名사진(寫眞)	照片
B	名사진기(寫眞機)	照相机
B	名사촌(四寸)	堂兄弟, 堂姐妹
C	名사춘기(思春期)	青春期
A	名사탕(沙糖)	糖
C	名사투리	方言
C	名사표(辭表)	辞职信
B	名사회(社會)	社会
C	名사회생활(社會生活)	社会生活
C	名사회자(司會者)	主持人
B	名사회적(社會的)	社会的
C	名사회주의(社會主義)	社会主义
C	名사회학(社會學)	社会学
B	名사흘	❶三天 ❷正月初三
A	名산(山)	山
C	名산길(山-)[-낄]	山路
C	名산부인과(産婦人科)[-꽈]	妇产科
B	名산소(酸素)	氧
B	名산속(山-)[-쏙]	山中
C	名산업(産業)[사넙]	产业

A 名산책(散策)(하)　　散步

B 名살　　肉, 肌肉

A 名살　　岁(量词)

A 動살다　　住, 生活

B 動살리다　　❶复活, 复生

❷摆脱 ❸活下来了

C 名살림(하)　　生活, 生计

C 動살아가다[사라-]　　❶过日子 ❷谋生

❸活下去

C 動살아나다[사라-]　　❶救活, 使活

❷记起

❸摆脱出来

❹养活

C 動살아남다[사라-]　　生还, 存活

C 動살아오다[사라-]　　活过来, 生活下来

C 名살인(殺人)(하)[사린]　　杀人

B 副살짝　　❶悄悄地

❷稍稍, 轻轻

B 動살펴보다　　察看, 观察

C 動살피다　　察看, 观看, 观察

C 名삶[삼]　　人生

人

B 動 삶다[삼따] ❶煮 ❷收买, 买通

A 數 삼(三) 三

C 動 삼가다 ❶谨慎, 小心, 慎重

❷节制, 抑制, 注意

C 名 삼계탕(蔘鷄湯) 参鸡汤

C 名 삼국(三國) 三国

C 動 삼다[-따] 做

A 數 삼십(三十) 三十

A 名 삼월(三月)[사월] 三月

B 名 삼촌(三寸) 叔父, 叔叔

C 動 삼키다 ❶吞下, 咽下

❷吞掉, 吞并

C 名 상(上) 上

C 名 상(床) ❶桌子 ❷饭桌

C 名 상(相) 相貌

B 名 상(賞) 赏, 奖, 奖品

C 名 상관(相關) 干预, 管, 关系

C 形 상관없다(相關-)[-과넙따] 毫不相干, 没关系

C 副 상관없이(相關-)[-과넙시] 无关地, 不管

C 名 상금(賞金) 赏金, 奖金

C 名 상담(商談) 商谈, 商量

192

C	名	상당(相當)(하)	相当
C	名	상당수(相當數)	相当数
C	形	상당하다(相當-)	相当
C	副	상당히(相當-)	相当
B	名	상대(相對)(하)	❶当面, 面对面 ❷对手 ❸对立 ❹相对
B	名	상대방(相對方)	对方
C	名	상대성(相對性)[-썽]	相对性
C	名	상대적(相對的)	相对的
C	名	상대편(相對便)	对方
C	名	상류(上流)[-뉴]	上流
C	名	상반기(上半期)	上半期, 上半年
B	名	상상(想像)(하)	想像
C	名	상상력(想像力)[-녁]	想像力
B	動	상상하다(想像-)	想像
C	名	상식(常識)	常识
C	名	상업(商業)(하)	商业
C	名	상인(商人)	商人
B	名	상자(箱子)	箱子
C	名	상점(商店)	商店

ㅅ

C	名 상징적(象徵的)	象征性的
C	動 상징하다(象徵-)	象征
B	名 상처(傷處)	伤, 伤口
B	名 상추	生菜
C	形 상쾌하다(爽快-)	爽快, 清爽
C	名 상태(狀態)	状态
C	名 상표(商標)	商标
B	名 상품(商品)	商品
B	動 상하다(傷-)	❶伤 ❷坏, 腐烂 ❸瘦
C	名 상황(狀況)	情况
A	冠 새	新
A	名 새	鸟
C	名 새	'사이'的略词
C	動 새기다	刻, 雕刻
B	名 새끼	小子
C	動 새다	漏
B	副 새로	❶新 ❷重新
C	副 새로이	'새로'的原词
C	形 새롭다	❶新, 崭新 ❷宝贵
B	名 새벽	黎明, 凌晨

B 名 새소리　　　　　　　　　鸟叫声

B 名 새우　　　　　　　　　　虾

C 動 새우다　　　　　　　　　熬(通宵)

B 名 새해　　　　　　　　　　新年

A 名 색(色)　　　　　　　　　颜色

A 名 색깔(色-)　　　　　　　　颜色

C 形 색다르다(色-)　　　　　　与众不同

C 名 색연필(色鉛筆)[생년-]　　彩色铅笔

A 名 샌드위치(sandwich)　　　三明治

C 名 생(生)　　　　　　　　　生

A 名 생각(하)　　　　　　　　❶思维, 头脑

　　　　　　　　　　　　　　❷想法

　　　　　　　　　　　　　　❸回想, 回忆

B 動 생각나다[-강-]　　　　　想起来, 想出来

B 動 생각되다　　　　　　　　想

A 動 생각하다[-가카-]　　　　想

B 動 생겨나다　　　　　　　　出现, 产生

C 名 생기(生氣)　　　　　　　生气, 朝气, 生机

A 動 생기다　　　　　　　　　❶发生, 产生

　　　　　　　　　　　　　　❷入手, 到手 ❸长

C 名 생명(生命)　　　　　　　生命

C	名	생물(生物)	生物
C	名	생방송(生放送)	直播
C	名	생산(生産)(하)	生产
C	動	생산되다(生産-)	产出
C	名	생산력(生産力)[-녁]	生产力
C	名	생산자(生産者)	生产者
C	動	생산하다(生産-)	生产
A	名	생선(生鮮)	鱼, 鲜鱼
B	名	생신(生辰)	'생일'的尊称
A	名	생일(生日)	生日
A	名	생활(生活)(하)	生活
C	名	생활비(生活費)	生活费
C	名	생활수준(生活水準)	生活水平
C	名	생활용품(生活用品)[-화룡-]	生活用品
B	動	생활하다(生活-)	生活
B	名	생활환경(生活環境)	生活环境
A	名	샤워(shower)(하)	淋浴
C	名	서구(西歐)	欧洲
B	冠	서너	三四
C	形	서늘하다	❶凉 ❷寒噤
A	動	서다	立, 站

B	動 서두르다	赶忙做
		急急忙忙地做
B	名 서랍	抽屉
B	名 서로	相互
A	副 서로	互相
B	名 서류(書類)	文件
A	數 서른	三十
C	名 서명(署名)(하)	签名
C	動 서명하다(署名-)	签名
C	名 서민(庶民)	庶民
C	名 서부(西部)	西部, 西面
B	名 서비스(service)(하)	服务, 招待, 侍候
C	副 서서히(徐徐-)	徐徐, 慢慢, 徐缓
B	名 서양(西洋)	西洋, 西方
C	名 서양인(西洋人)	西洋人
A	名 서울	首尔
A	名 서울역(-驛)[-력]	首尔站
C	名 서적(書籍)	书籍
A	名 서점(書店)	书店
A	名 서쪽(西-)	西边
C	名 서클(circle)	❶ 小组, 组, 社团

❷文艺社团

B 形 서투르다　❶不熟练 ❷陌生
　　　　　　　　❸轻率

C 形 서툴다　'서투르다'的略词

C 名 석　席

C 數 석　三

C 名 석사(碩士)[-싸]　硕士

B 名 석유(石油)[서규]　石油

B 動 섞다[석따]　混合, 混杂, 掺杂

B 動 섞이다[서끼-]　被混合, 被掺杂

C 名 선(線)　❶线 ❷铁丝

C 名 선거(選擧)(하)　选举

C 形 선명하다(鮮明-)　鲜明, 清楚

A 名 선물(膳物)(하)　礼物

A 動 선물하다(膳物-)　送礼物

B 名 선배　先辈, 前辈

A 名 선생(先生)　先生, 老师

A 名 선생님(先生-)　老师('선생'的尊称)

B 名 선수(選手)　选手, 运动员

C 動 선언하다(宣言)[서넌-]　宣言

C 名 선원(船員)[서눤]　船员

C 名 선장(船長)		船长
C 名 선전(宣傳)(하)		宣传
C 動 선정하다(選定)		选定
C 名 선진(先進)		先进
C 名 선진국(先進國)		发达国家
B 名 선택(選擇)(하)		选择
B 動 선택하다(選擇)[-태카-]		选择
B 名 선풍기(扇風機)		电扇
C 動 선호하다(選好-)		喜好
B 名 설거지(하)		洗碗
B 名 설날[-랄]		元旦, 春节
C 動 설득하다(說得-)[-뜨카-]		说服
B 名 설렁탕(-湯)		牛杂碎汤
C 動 설립하다(設立-)[-리파-]		设立, 成立, 创办
A 名 설명(說明)(하)		说明
C 動 설명되다(說明-)		被说明
A 動 설명하다(說明-)		说明
C 名 설문(設問)(하)		设问
C 副 설사(設使)[-싸]		假使, 假如
A 名 설악산(雪嶽山)[서락-]		雪岳山
C 名 설치(設置)(하)		❶安装 ❷设置

人

C 動 설치되다(設置)　设置

C 動 설치하다(設置-)　设置

A 名 설탕(雪糖)　糖(白糖, 红糖的总称)

B 名 섬　岛

C 形 섭섭하다[-써파-]　❶依依不舍, 惆怅 ❷遗憾, 难过

B 名 섭씨(攝氏)　摄氏

C 名 성(城)　城

B 名 성(姓)　姓氏

C 名 성(性)　性

B 名 성격(性格)[-껵]　性格, 性质

C 名 성경(聖經)　圣经

B 名 성공(成功)(하)　成功

C 名 성공적(成功的)　成功

B 動 성공하다(成功-)　成功

C 名 성당(聖堂)　教会, 教堂

C 動 성립되다(成立)[-닙-]　成立

C 動 성립하다(成立-)[-니파-]　成立

C 名 성명(聲明)　声明

B 名 성별(性別)　性别

C	動	성숙하다(成熟-)[-수카-]	成熟
C	形	성실하다(誠實-)	诚实, 忠实
B	名	성인(成人)	成人
C	名	성장(成長)(하)	成长
C	動	성장하다(成長-)	成长
B	名	성적(成績)	成绩
C	名	성적(性的)[-쩍]	性的
C	名	성질(性質)	❶脾气, 性格 ❷性质
B	名	성함(姓銜)	姓名
A	名	세(歲)	岁(量词)
A	冠	세	三个
C	名	세(世)	世
B	名	세계(世界)	世界
C	名	세계관(世界觀)	世界观
B	名	세계적(世界的)	世界的
B	名	세금(稅金)	税金
B	名	세기(世紀)	❶世纪 ❷长时期
B	形	세다	❶强, 强烈, 猛, 猛烈 ❷粗硬, 粗, 硬
C	動	세다	❶数数 ❷数得上

ㅅ

C 名 세대(世代)	❶一代 ❷辈分
C 形 세련되다(洗練-)	❶洗练 ❷老练
B 名 세로	竖, 直, 纵
C 名 세미나(seminar)	专题讨论, 研讨会
B 名 세상(世上)	❶世上, 世界, 天下 社会 ❷一生, 一辈子
C 感 세상에(世上-)	岂有此理
A 名 세수(洗手)(하)	洗脸
B 動 세우다	❶立 ❷停 ❸盖 ❹建立
B 動 세워지다	被建立
C 名 세월(歲月)	❶岁月, 光阴, 年岁 日子 ❷景气, 景况
C 名 세제(洗劑)	洗涤剂
C 名 세종대왕(世宗大王)	世宗大王
B 名 세탁(洗濯)(하)	洗衣
A 名 세탁기(洗濯機)[-끼]	洗衣机
B 名 세탁소(洗濯所)[-쏘]	洗衣店, 洗衣房, 洗染店
C 名 세트(set)	❶套 ❷布景
C 形 섹시하다(sexy-)	性感

B 名 센터(center)	❶中心
	❷(足球等的)中锋
A 名 센티미터(centimeter)	公分, 厘米
C 名 셈	❶打算, 想法
	❷算是
A 數 셋[센]	三
A 冠 셋째[센－]	第三
B 名 소	牛
B 名 소개(紹介)(하)	介绍
B 動 소개되다(紹介－)	被介绍
A 動 소개하다(紹介－)	介绍
C 名 소규모(小規模)	小规模
C 名 소극적(消極的)[－쩍]	消极的
A 名 소금	盐
B 名 소나기	骤雨, 阵雨
B 名 소나무	松树
B 名 소녀(少女)	少女
B 名 소년(少年)	少年
C 名 소득(所得)	所得, 收获
B 名 소리	❶声音 ❷话
B 動 소리치다	叫喊

C	名 소망(所望)(하)	愿望
C	名 소매	衣袖
B	名 소문(所聞)	传闻, 风闻, 消息
B	動 소문나다(所聞-)	出名
C	形 소박하다(素朴-)[-바카-]	朴素, 俭朴
C	名 소비(消費)(하)	消费
B	名 소비자(消費者)	消费者
C	動 소비하다(消費-)	消费, 花费, 耗费
B	名 소설(小說)	小说
B	名 소설가(小說家)	小说家
C	名 소속(所屬)(하)	所属, 隶属
C	名 소수(少數)	小数
B	名 소스(sauce)	调味汁
B	名 소시지(sausage)	腊肠
B	名 소식(消息)	消息
C	名 소아과(小兒科)[-꽈]	小儿科
C	動 소요되다(所要-)	所需
C	名 소용(所用)	用处
B	形 소용없다(所用-)[-업-]	没用
C	名 소원(所願)(하)	希望, 愿望
C	副 소위(所謂)	所谓

C	名	소유(所有)(하)	所有
C	名	소유자(所有者)	所有者
C	動	소유하다(所有-)	所有
C	名	소음(騷音)	噪音
C	名	소재(素材)	素材
B	名	소주(燒酒)	烧酒
C	形	소중하다(所重-)	宝贵, 珍贵, 贵重
C	副	소중히(所重-)	珍惜
C	名	소지품(所持品)	携带品
C	名	소질(素質)	素质, 素养
A	名	소파(sofa)	沙发
B	名	소포(小包)	包裹
A	名	소풍(逍風)	出去兜兜风, 凉快凉快, 郊游
C	名	소프트웨어(software)	软件
C	名	소형(小型)	小型
C	副	소홀히(疏忽-)	疏忽, 忽视, 马虎
C	名	소화(消化)(하)	消化
C	動	소화하다(消化-)	消化
A	名	속	❶内, 里面 ❷心 ❸馅 ❹内心

C	名 속담(俗談)[-땀]	谚语
B	名 속도[-또]	速度
C	名 속마음[송-]	内心
C	動 속삭이다[-싸기-]	窃窃私语, 耳语
C	形 속상하다(-傷-)[-쌍-]	伤脑筋, 伤心
B	名 속옷[소곧]	内衣
C	動 속이다[소기-]	骗, 欺骗, 欺瞒
B	動 속하다(屬-)[소카-]	所属, 属于
A	名 손	❶手 ❷人手 ❸帮助
A	名 손가락[-까-]	手指
C	名 손길[-낄]	手
B	名 손녀(孫女)	孙女
A	名 손님	❶宾客, 客人 ❷旅客
C	名 손등[-뜽]	手背
B	名 손목	手腕儿
B	名 손바닥[-빠-]	手掌, 巴掌
B	名 손발	❶手和脚 ❷步调, 步伐
B	名 손뼉	鼓掌, 拍手
C	副 손수	亲自, 亲手

B 名손수건(-手巾)[-쑤-]　手帕, 手绢

C 形손쉽다[-따]　容易

C 名손실(損失)(하)　损失

B 名손자(孫子)　孙子

C 動손잡다[-따]　❶握手

❷携手, 联手

B 名손잡이[-자비]　把手, 柄

C 名손질(하)　❶动手, 修整, 修理

❷动手打人

C 動손질하다　❶动手, 修整, 修理

❷动手打人

B 名손톱　手指甲

C 名손해(損害)　损害

B 形솔직하다(率直-)[-찌카-]　率直, 坦率

B 副솔직히(率直-)[-찌키]　率直地, 坦率地

C 名솜　棉花

C 名솜씨　本事, 技巧, 手艺

C 動솟다[솓따]　❶涌出, 喷出

❷冒出

❸升起 ❹耸立

B 名송아지　小牛, 牛犊

人

B 名송이 ❶朵 ❷嘟噜

B 名송편(松-) 蒸糕(韩国糕的一种)

C 名쇠 铁

A 名쇠고기 牛肉

B 名쇼(show) 表演, 演出, 秀

A 名쇼핑(shopping)(하) 购买, 逛街

A 名수 手段, 方法, 办法

C 名수(手) 招数, 招儿

C 名수(數) 数, 数目

A 名수건(手巾) 毛巾, 手巾

C 名수고(하) 辛苦, 麻烦

B 動수고하다 辛苦, 麻烦

B 名수년(數年) 数年

C 名수단(手段) ❶资料 ❷工具 ❸手段, 方法 ❹手腕

C 名수도(首都) 首都

C 名수도권(首都圈)[-꿘] 首都圈

C 名수도꼭지(水道-)[-찌] 龙头

B 名수돗물(水道-)[-돈-] 自来水

C	名 수동적(受動的)	被动的
C	動 수리하다(修理-)	修理
C	冠 수만(數萬)	数万
B	形 수많다(數-)[-만타]	很多, 众多, 无数
C	名 수면	睡眠
C	名 수명(壽命)	寿命
A	名 수박	西瓜
C	冠 수백(數百)	数百
B	名 수상(首相)	首相
C	名 수석(首席)	首席
B	名 수술(手術)(하)	手术
C	副 수시로(隨時-)	随时
C	冠 수십(數十)	数十
C	名 수업(受業)	上课
A	名 수업(授業)(하)	讲课
C	副 수없이(數-)[-업시]	无数
B	名 수염(鬚髯)	胡子, 胡须
A	名 수영(水泳)(하)	游泳
A	名 수영장(水泳場)	游泳池
C	名 수요(需要)(하)	需要
A	名 수요일(水曜日)	星期三

B 名 수입(收入)	收入
B 名 수입(輸入)(하)	输入, 进口
C 動 수입되다(輸入-)	输入, 进口
C 名 수입품(輸入品)	进口品
B 動 수입하다(輸入-)[-이파-]	输入, 进口
C 名 수저	匙和筷
C 名 수준(水準)	水平
C 名 수집(蒐集)(하)	搜集
C 動 수집하다(蒐集-)[-지파-]	搜集
C 冠 수천(數千)	数千
B 名 수출(輸出)(하)	输出, 出口
B 動 수출하다(輸出-)	输出, 出口
C 名 수컷[-컫]	公的, 雄的
B 名 수표(手票)	支票
C 名 수필(隨筆)	随笔
B 名 수학(數學)	数学
B 名 수학(修學)(하)	学习
C 動 수행하다(遂行-)	完成, 执行
C 名 수험생(受驗生)	考生, 应考生
B 名 수화기(受話器)	听筒, 耳机
C 名 숙녀(淑女)[숭-]	淑女

B	名 숙소(宿所)[-쏘]	住所, 住处, 寓所
B	動 숙이다[수기-]	低下, 耷拉
A	名 숙제(宿題)(하)[-쩨]	课外作业, 课题
B	名 순간(瞬間)	瞬间
C	名 순간적(瞬間的)	瞬间的
B	名 순서(順序)	顺序
C	名 순수(純粹)(하)	①纯粹 ②纯洁
B	形 순수하다(純粹-)	①纯粹 ②纯洁
C	名 순식간(瞬息間)[-깐]	瞬间, 刹那
C	名 순위(順位)[수뉘]	顺序
C	形 순진하다(純眞-)	纯真, 纯洁
C	形 순하다(順-)	①温顺, 驯服
		②顺利 ③(烟)不冲
A	名 숟가락[-까-]	汤匙, 调羹
A	名 술	酒
A	名 술	勺儿
B	名 술병(-瓶)[-뼝]	酒瓶, 酒壶
B	名 술자리[-짜-]	酒席, 酒筵, 饭局
B	名 술잔(-盞)[-짠]	酒杯
B	名 술집[-찝]	酒家, 酒馆
B	名 숨	①呼吸

❷(蔬菜的)新鲜劲

C 勔숨기다　❶隐瞒

❷隐藏, 暗藏

B 勔숨다[-따]　藏, 躲

C 勔숨지다　绝命, 殒命

B 名숫자(数字)[숟짜]　数字

B 名숲[숩]　树丛, 草丛

A 勔쉬다　❶休息 ❷睡觉

❸歇

B 勔쉬다　❶馊, 发馊 ❷嘶哑

A 数쉰　五十

A 形쉽다[-따]　❶容易

❷很可能, 十分可能

A 名슈퍼마켓(supermarket)　超级市场, 超市

B 名스님　❶(和尚称呼的)师傅 ❷和尚的尊称

A 冠스무　二十(只用于单位词前面)

A 数스물　二十

B 名스스로　自己

B 副스스로　❶自己 ❷自愿

212

❸自然而然

C 名 스승　　　　　　导师, 老师

B 名 스웨터(sweater)　　毛衣

C 名 스위치(switch)　　开关

C 動 스치다　　　　掠过, 擦过

B 名 스케이트(skate)　❶滑冰 ❷溜冰鞋

B 名 스케줄(schedule)　日程

A 名 스키(ski)　　　滑雪

B 名 스키장(ski場)　　滑雪场

B 名 스타(star)　　　❶星 ❷明星

B 名 스타일(style)　　风格, 作风

C 名 스튜디오(studio)　❶制片厂

　　　　　　　　　❷播音室, 演播室

　　　　　　　　　❸摄影室, 雕塑室

A 名 스트레스(stress)　(精神)压力, 重压, 紧张

A 名 스포츠(sports)　　体育运动

C 副 슬그머니　　　悄悄地, 暗自

C 副 슬쩍　　　　❶稍微 ❷轻轻地

　　　　　　　❸暗暗地, 悄悄地

B 動 슬퍼하다　　　悲哀, 悲伤, 伤心

A	形 슬프다	悲伤, 悲哀, 伤心
B	名 슬픔	悲哀, 哀痛
B	名 습관(習慣)(하)[-꽌]	习惯
C	名 습기(濕氣)[-끼]	湿气, 潮湿
C	名 승객(乘客)	乘客
C	名 승리(勝利)(하)[-니]	胜利
C	動 승리하다(勝利-)[-니-]	胜利
C	名 승부(勝負)	胜负, 胜败
B	名 승용차(乘用車)	轿车
C	名 승진(昇進)(하)	晋升, 升职
A	名 시(市)	市
A	名 시(時)	时, 点, 点钟
C	名 시(詩)	诗
C	名 시각(時刻)	时刻, 时候
C	名 시각(視角)	视角
A	名 시간(時間)	❶时间 ❷钟头, 小时 ❸(上几节)课
A	名 시간(時間)	小时
A	名 시계(時計)	钟表
B	名 시골	乡村, 乡下

214

C	名	시금치	菠菜
C	名	시기(時期)	时期
C	名	시기(時機)	时机
B	形	시끄럽다[-따]	❶嘈杂, 喧哗
			❷讨厌, 麻烦
C	名	시나리오(scenario)	电影剧本
B	名	시내(市内)	市内, 城内
B	名	시내버스(市内 bus)	市区公交车
B	名	시대(時代)	时代
C	名	시대적(時代的)	时代的
C	名	시댁(媤宅)	婆家的尊称
C	名	시도(試圖)(하)	试图, 企图
B	動	시도하다(試圖-)	试图, 企图
C	動	시들다	蔫, 枯萎
C	名	시디(CD, Compact disc)	光盘
C	名	시디롬(CD-ROM)	光驱
B	名	시리즈(series)	❶丛书
			❷连续比赛
C	名	시멘트(cement)	水泥
B	名	시민(市民)	市民
B	名	시부모(媤父母)	公婆

人

C 名시선(視線)　　　　　　　　視线

B 名시설(施設)　　　　　　　　设施, 设备

C 名시스템(system)　　　　　　❶系统, 体系

　　　　　　　　　　　　　　　❷制度, 组织

B 名시아버지(媤–)　　　　　　公公

C 名시야(視野)　　　　　　　　视野, 眼界

B 名시어머니(媤–)　　　　　　婆婆

B 名시외(市外)　　　　　　　　城外, 郊区

C 名시외버스(市外 bus)　　　　郊区公交车

A 形시원하다　　　　　　　　　❶凉快, 凉爽

　　　　　　　　　　　　　　　❷痛快, 干脆

A 名시월(十月)　　　　　　　　十月

C 名시위(示威)(하)　　　　　　❶示威 ❷游行

B 名시인(詩人)　　　　　　　　诗人

C 名시일(時日)　　　　　　　　时间, 日期, 期限

A 名시작(始作)(하)　　　　　　开始

A 動시작되다(始作–)　　　　　开始

A 動시작하다(始作–)[–자카–]　开始

A 名시장(市場)　　　　　　　　市场

C 名시장(市長)　　　　　　　　市长

B 名시절(時節)　　　　　　　　时节

216

C 名 시점(時點)	时点
C 名 시중(市中)	市内
C 名 시즌(season)	季节
B 名 시집(媤-)	婆家
C 名 시집(詩集)	诗集
C 動 시집가다(媤-)	出嫁
B 名 시청(市廳)	市政府
C 名 시청률(視聽率)[-눌]	收视率
B 名 시청자(視聽者)	电视观众
B 動 시키다	使唤
C 名 시합(試合)(하)	比赛
A 名 시험(試驗)(하)	❶考试 ❷测验
B 名 식(式)	式
B 名 식구(食口)[-꾸]	家口, 家眷
C 名 식기(食器)[-끼]	食具
B 動 식다[-따]	凉
A 名 식당(食堂)[-땅]	食堂, 餐厅
C 名 식량(食糧)[싱냥]	粮食
C 名 식료품(食料品)[싱뇨-]	食品
B 名 식물(植物)[싱-]	植物
B 名 식빵(食-)	面包

A 名식사(食事)(하)[-싸] 吃饭, 用餐

A 動식사하다(食事-)[-싸-] 吃饭

C 名식생활(食生活)[-쌩-] 饮食, 吃的方面

C 名식욕(食慾)[시곡] 食欲

B 名식용유(食用油)[시공뉴] 食用油

B 名식초(食醋) 醋

A 名식탁(食卓) 饭桌

B 名식품(食品) 食品

C 名식품점(食品店) 食品店

C 動식히다[시키-] (使东西)变凉

B 名신 兴致

C 名신(神) 神

C 名신경(神經) 神经

B 名신고(申告)(하) 报, 申报

C 動신고하다(申告-) 申报, 控告

C 名신규(新規) 新的规则

C 形신기하다(新奇-) 神奇, 奇怪

C 名신념(信念) 信念, 信心

A 動신다[-따] 穿(鞋, 袜子)

C 名신라(新羅)[실-] 新罗

B 名신랑(新郎)[실-] 新郎

218

A	名	신문(新聞)	报纸
B	名	신문사(新聞社)	报社
B	名	신문지(新聞紙)	报纸
A	名	신발	鞋
B	名	신부(新婦)	新娘
C	名	신부(神父)	神父
C	名	신분(身分)	身份
C	名	신비(神秘)(하)	神秘
C	名	신사(紳士)	绅士
B	形	신선하다(新鮮-)	新鲜
C	名	신설(新設)(하)	新设, 新建
C	名	신세(身世)	身世, (受)帮助
C	名	신세대(新世代)	新一代, 新生代
C	形	신속하다(迅速-)[-소카-]	迅速
B	名	신용(信用)(하)[시뇽]	信用
C	名	신인(新人)[시닌]	新人
B	名	신입생(新入生)[시닙쌩]	新生
C	名	신제품(新製品)	新产品
C	形	신중하다(愼重-)	慎重
B	名	신청(申請)(하)	申请
C	名	신청서(申請書)	申请书

人

C 動 신청하다(申請-)　申请

B 名 신체(身體)　身体

C 名 신체적(身體的)　身体的

B 名 신호(信號)　信号

B 名 신호등(信號燈)　信号灯, 红绿灯

B 名 신혼부부(新婚夫婦)　新婚夫妇

B 名 신혼여행(新婚旅行)　新婚旅行, 蜜月旅行

C 名 신화(神話)　神话

B 動 싣다[-따]　❶载 ❷登载

C 名 실　线

C 名 실감(實感)　真实感

B 名 실내(室內)[-래]　室内

B 名 실력(實力)　实力

A 名 실례(失禮)(하)　失礼

A 動 실례하다(失禮-)　失礼, 不礼貌

C 副 실로(實-)　真是, 实在

C 動 실리다　❶登 ❷装

C 名 실망(失望)(하)　失望

C 動 실망하다(失望-)　失望

B 名 실수(失手)(하)[-쑤]　弄错, 失误

B 動 실수하다(失手-)[-쑤-]　弄错, 失误

C	名	실습(實習)(하)[-씀]	实习
C	名	실시(實施)(하)[-씨]	实施, 举行, 实行, 进行
C	動	실시되다(實施-)[-씨-]	实施, 举行, 实行, 进行
C	動	실시하다(實施-)[-씨-]	实施, 举行, 实行, 进行
C	副	실은(實-)[시른]	本来
C	名	실장(室長)[-짱]	司长
C	名	실정(實情)[-쩡]	实际情况
C	副	실제(實際)[-쩨]	实际上
B	名	실제(實際)[-쩨]	实际
C	副	실제로(實際-)[-쩨-]	实际上
C	名	실질적(實質的)[-찔쩍]	实质性的
C	名	실천(實踐)(하)	实践
C	動	실천하다(實踐-)	实践
C	名	실체(實體)	实体
C	副	실컷[-컫]	尽情
C	名	실태(實態)	实况
B	名	실패(失敗)(하)	失败
B	動	실패하다(失敗-)	失败

C 名실험(實驗)(하)　　　　实验, 试验

C 名실현(實現)(하)　　　　实现

C 動실현되다(實現-)　　　被实现

C 動실현하다(實現-)　　　实现

A 形싫다[실타]　　　　　不愿意, 讨厌

B 動싫어지다[시러-]　　　不喜欢, 讨厌

A 動싫어하다[시러-]　　　不喜欢, 讨厌

B 形심각하다(深刻-)[-가카-]　深刻, 严重

C 動심각해지다(深刻-)[-가캐-] 深刻

B 動심다[-따]　　　　　栽种, 种

B 名심리(心理)[-니]　　　心理

C 名심리적(心理的)[-니-]　心理上的

B 名심부름　　　　　　使唤, 跑腿儿, 当差

C 名심사(審查)(하)　　　审查

C 形심심하다　　　　　❶淡 ❷无聊

C 名심장(心臟)　　　　　心脏

C 名심정(心情)　　　　　心情

C 名심판(審判)(하)　　　❶审判 ❷裁判

B 形심하다(甚-)　　　　❶甚为

　　　　　　　　　　　❷深重, 厉害

B 動심해지다(甚-)　　　(变得)严重

222

A 數 십(十)　　　十

A 名 십이월(十二月)[시비-]　　　十二月

A 名 십일월(十一月)[시비뤌]　　　十一月

B 形 싱겁다[-따]　　　味淡, 无聊

C 形 싱싱하다　　　新鲜

A 補 싶다[십따]　　　❶想~ ❷好像~

❸希望~

C 補 싶어지다[시퍼-]　　　想~

C 名 싸구려　　　贱货, 便宜货

A 形 싸다　　　❶价格便宜

❷活该

B 動 싸다　　　❶包 ❷包围

A 動 싸우다　　　❶战斗 ❷斗争

❸吵架, 打架

B 名 싸움　　　❶战斗 ❷斗争

❸吵架, 打架

C 名 싹　　　芽,萌芽

C 名 싼값[-갑]　　　廉价, 低价

B 名 쌀　　　大米

C 名 쌍(雙)　　　双, 对

C 名 쌍둥이(雙-)　　　双胞胎

人

B 動쌓다[싸타]　❶堆, 垒, 筑
　❷打(基础)
　❸积累(经验)

B 動쌓이다[싸–]　积压, 积
C 副썩　❶立刻, 马上
　❷非常, 真

B 動썩다[–따]　❶腐烂, 腐败
　❷积压 ❸埋没人才
　❹操心

B 動썰다　切
C 形썰렁하다　凉, 寒
B 動쏘다　❶射, 打 ❷螫
B 動쏟다[–따]　❶倒 ❷流 ❸倾吐
　❹倾注

B 動쏟아지다[쏘다–]　❶涌出 ❷漏出
A 動쓰다　写, 书写
A 動쓰다　用, 使用
A 動쓰다　戴(帽子, 眼镜)
B 形쓰다　❶苦 ❷痛苦
C 動쓰다듬다[–따]　❶抚摸 ❷捋
C 動쓰러지다　❶倒下, 病倒

❷惨败

A 名 쓰레기　　垃圾

B 名 쓰레기통(-桶)　　垃圾桶

B 動 쓰이다　　被写

C 動 쓰이다　　被使用

C 名 쓴맛[-맏]　　苦, 苦味

C 動 쓸다　　扫, 打扫

C 形 쓸데없다[-떼업따]　　无用

C 副 쓸데없이[-떼업시]　　多余地, 无谓地

C 形 쓸쓸하다　　❶飕飕

❷寂寞, 冷清

C 動 씌우다[씨-]　　❶戴上 ❷盖上

B 名 씨　　种子

A 名 씨(氏)　　氏

B 名 씨름　　❶角力 ❷摔跤

C 名 씨앗[-앋]　　种子

B 形 씩씩하다[-씨카-]　　有力, 生气勃勃

B 動 씹다[-따]　　嚼

C 動 씻기다[씯끼-]　　被…淋湿

C 動 씻기다[씯끼-]　　被洗

A 動 씻다[씯따]　　洗, 洗刷

A 感 아 　 啊

B 名 아가씨 　 ❶小姐 ❷少奶奶

A 名 아기 　 小孩

B 名 아까 　 刚才, 方才

B 副 아까 　 刚才, 方才

C 形 아깝다[-따] 　 ❶可惜, 惋惜

　 ❷舍不得

C 動 아끼다 　 ❶节约, 省

　 ❷爱护, 爱惜

B 名 아나운서(announcer) 　 播音员

A 名 아내 　 妻子, 太太

C 感 아냐 　 不, 不是, 哪里

B 感 아뇨 　 不是

A 副 아니 　 不, 没有

B 感 아니 　 嗯, 啊

A 形 아니다 　 不是

B 感 아니야 　 不是

A 感 아니요 　 不是

C 補 아니하다 　 不~

C	名 아드님	您儿子
A	名 아들	儿子
A	名 아래	❶下 ❷差 ❸小
B	名 아래쪽	下面, 下边
B	名 아래층(-層)	楼下, 下层
C	名 아랫사람[-랟싸-]	晚辈, 下级
C	名 아르바이트(독 Arbeit)	工读, 打工
A	形 아름답다[-따]	❶美丽, 漂亮
		❷美好, 高尚
A	副 아마	恐怕, 大概, 大约
B	副 아마도	恐怕
A	冠 아무	什么
A	代 아무	某, 谁
C	代 아무개	…某
B	名 아무것[-걷]	什么
B	副 아무래도	怎么说, 还是
C	冠 아무런	任何
B	形 아무렇다[-러타]	任何, 什么
B	副 아무리	无论如何, 不管怎样
B	副 아무튼	无论如何

B 名아버님	父亲
A 名아버지	父亲, 爸爸
A 名아빠	爸爸(小孩语)
C 名아쉬움	惋惜
C 形아쉽다[-따]	❶可惜, 惋惜
	❷依依不舍
C 名아스팔트(asphalt)	沥青, 柏油
B 名아시아(Asia)	亚洲
B 感아아	啊
C 副아예	干脆
C 副아울러	同时, 并且
C 感아유	哎呀
A 名아이	孩子
B 感아이	哎呀
B 感아이고	哎呀, 哎哟
C 名아이디어(idea)	主义, 构思
A 名아이스크림(ice-cream)	冰淇淋
A 名아저씨	叔叔, 姐夫
A 副아주	❶很, 非常 ❷永远
A 名아주머니	❶婶母 ❷嫂嫂
	❸阿姨

A	名	아줌마	阿姨
A	副	아직	还, 尚
A	名	아침	早上, 早晨
A	名	아파트(apartment)	公寓
A	形	아프다	痛, 疼
B	名	아프리카(Africa)	非洲
B	名	아픔	痛
C	感	아하	啊哈
A	數	아홉	九
A	數	아흔	九十
B	名	악기(樂器)[-끼]	乐器
C	名	악몽(惡夢)[앙-]	恶梦
B	名	악수(握手)(하)[-쑤]	握手
A	副	안	不
C	名	안	❶案件 ❷方案
A	名	안	❶内, 里 ❷里屋
C	名	안개	雾, 雾气
A	名	안경(眼鏡)	眼镜
C	名	안과(眼科)[-꽈]	眼科
C	動	안기다	给予
C	動	안기다	依偎

ㅇ

C 名 안내(案内)(하)	❶向导 ❷指南
B 動 안내하다(案内-)	带路, 引导
A 感 안녕(安寧)	❶你好 ❷再见
A 形 안녕하다(安寧-)	平安, 好
A 副 안녕히(安寧-)	平安地
A 動 안다[-따]	抱
C 名 안동(安東)	安东
B 形 안되다	❶不成, 不能 ❷对不起
A 動 안되다	不行
B 名 안방(-房)[-빵]	内屋, 里屋
C 名 안부	安否, 平安与否
C 動 안심하다(安心-)	安心, 放心
B 名 안전(安全)(하)	安全
B 形 안전하다(安全-)	安全
C 名 안정(安定)(하)	安定
C 動 안정되다(安定-)	稳定下来
B 名 안주(按酒)	酒菜, 酒肴
B 名 안쪽	里头
B 形 안타깝다[-따]	❶焦急 ❷难受 ❸遗憾

C	名 안팎[-팍]	内外, 里外
A	動 앉다[안따]	坐
C	動 앉히다[안치-]	任命, 让(某人)坐
A	動 않다[안타]	不
A	補 않다[안타]	不
B	名 알	蛋, 卵
A	動 알다	❶知道, 明白
		❷认为
B	動 알려지다	被发现, 被知道
C	名 알루미늄(aluminium)	铝
B	動 알리다	告诉, 通知
B	形 알맞다[-맏따]	相当, 相配
C	動 알아내다[아라-]	探出, 探知
B	動 알아듣다[아라-따]	❶听懂 ❷听出来
C	動 알아보다[아라-]	❶打听, 了解
		❷询问
C	動 알아주다[아라-]	了解, 理解
C	名 알코올(alcohol)	酒精
B	動 앓다[알타]	患(病)
B	名 암(癌)	癌
C	名 암시(暗示)(하)	暗示

ㅇ

C 名암컷[-컫]　雌的, 母的

C 名압력(壓力)[암녁]　压力

A 名앞[압]　前面

B 名앞길[압낄]　前途, 前程

C 名앞날[암-]　未来, 将来

C 動앞두다[압뚜-]　以前, 前夕

B 名앞뒤[압뛰]　前后

C 名앞문(-門)[암-]　前门

C 名앞바다[압빠-]　前海

C 副앞서[압써]　❶上次 ❷之前

B 動앞서다[압써-]　走在前面, 领先

C 動앞세우다[압쎄-]　使先行,
使走在前面

C 動앞장서다[압짱-]　站在前头

B 名앞쪽[압-]　前面

B 名애　孩子

C 名애　心思, 心机

C 動애쓰다　费心, 费力

B 名애인(愛人)　恋人

C 名애정(愛情)　爱情

C 名애초(-初)　当初, 最初

232

B	名	액세서리(accessory)	首饰
C	名	액수(額數)[-쑤]	数额
C	名	앨범(album)	相册
B	感	야	呀
C	名	야간(夜間)	夜间
A	名	야구(野球)(하)	棒球
C	名	야구장(野球場)	棒球场
C	名	야단(惹端)(하)	❶喧嚷 ❷骂
C	副	야옹	喵
B	名	야외(野外)	野外, 露天
B	名	야채(野菜)	蔬菜
C	形	야하다(野-)	粗野, 下流
C	名	약	(辣椒等的)劲儿
B	冠	약(約)	约, 大约, 大概
A	名	약(藥)	药
B	名	약간[-깐]	若干
B	副	약간[-깐]	若干
A	名	약국(藥局)[-꾹]	药店, 药房
A	名	약속(約束)(하)[-쏙]	约定, 约好, 约会
A	動	약속하다(約束-)[-쏘카-]	约好, 约定
C	名	약수(藥水)[-쑤]	矿泉水

C	名	약점(弱點)[-쩜]	弱点
C	名	약품(藥品)	药品
B	形	약하다(弱-)[야카-]	弱, 衰弱
C	動	약해지다(弱-)[야캐-]	变弱, 削弱
C	名	약혼녀(約婚女)[야콘-]	未婚妻
C	名	약혼자(約婚者)[야콘-]	订婚者
C	形	얄밉다[-따]	讨厌, 可憎
B	形	얇다[얄따]	薄
C	冠	양(兩)	两
C	名	양(孃)	小姐
C	名	양(羊)	羊
B	名	양(量)	分量, 数量
C	名	양국(兩國)	两国
B	名	양념	佐料
C	名	양력(陽曆)[-녁]	阳历, 公历
A	名	양말(洋襪)	袜子
B	名	양배추(洋-)	洋白菜, 卷心菜
C	名	양보(讓步)(하)	让步
B	動	양보하다(讓步-)	让步
A	名	양복(洋服)	西服, 制服
C	名	양상추(洋-)	洋生菜

234

C	名	양식(樣式)	❶方式 ❷格式
C	名	양식(洋食)	西餐
C	名	양심(良心)	良心
C	名	양옆(兩-)[-엽]	两边
C	名	양주(洋酒)	洋酒
B	名	양쪽(兩-)	两边, 两旁
B	名	양파(洋-)	洋葱
B	形	얕다[얃따]	浅
C	感	애	喂
A	名	얘기	谈话, 说话
A	動	얘기하다	谈话, 聊天
A	感	어	啊, 唉, 嗨
C	動	어기다	违, 违反, 违背
A	名	어깨	肩膀
A	冠	어느	某, 哪个
C	副	어느덧[-덛]	不知不觉间
B	副	어느새	❶不一会儿 ❷不知不觉间
B	動	어두워지다	变黑了
B	名	어둠	黑, 黑暗
B	形	어둡다[-따]	❶黑暗

❷(视力)不好

A 代 어디　　哪里

A 感 어디　　哪里

A 形 어떠하다　　怎么样

A 冠 어떤　　❶某, 谁 ❷有的

A 形 어떻다[-떠타]　　怎么样

B 名 어려움　　困苦, 艰难

C 動 어려워지다　　变苦

A 形 어렵다[-따]　　难, 困难

A 名 어른　　大人, 成人

B 形 어리다　　幼小, 幼稚

B 動 어리다　　噙(泪)

C 形 어리석다[-따]　　愚蠢

B 名 어린아이[-리나-]　　小孩儿

B 名 어린애[-리내]　　小孩儿

A 名 어린이[-리니]　　儿童

B 名 어린이날[-리니-]　　儿童节

B 感 어머　　哎呀

A 名 어머니　　妈妈,母亲

B 名 어머님　　母亲

B 形 어색하다(語塞-)[-새카-]　　尴尬, 不自然,

难为情

A 副 어서 快, 赶快

B 動 어울리다 协调, 适合

C 名 어저께 昨天

A 名副 어제 昨天

B 名 어젯밤[-젣빰] 昨夜

C 形 어지럽다[-따] 晕, 昏

C 副 어쨌든[-짿뜬] 不管怎样, 反正

C 副 어쩌다 ❶偶尔 ❷好不容易

B 動 어쩌다 怎么做

C 副 어쩌다가 ❶偶尔 ❷好不容易

B 副 어쩌면 怎么办

B 副 어쩐지 不知怎么搞的, 难怪

C 副 어쩜 怎么会

C 副 어찌 怎么

C 副 어찌나 太

C 動 어찌하다 怎么搞

B 數 억(億) 亿

C 形 억울하다(抑鬱-)[어굴-] 冤枉, 委屈

A 名 언니 姐姐

ㅇ

C 名언덕	小山坡, 丘陵
C 名언론(言論)[얼-]	言论
C 名언어(言語)[어너]	语言
A 代副언제	什么时候
A 副언제나	总是
B 副언젠가	某个时候
B 動얹다[언따]	搁上, 放
B 動얻다[-따]	得到, 取得
C 動얻어먹다[어더-따]	❶接受别人的请客 ❷讨吃
A 名얼굴	脸
B 動얼다	冻
B 副얼른	快, 赶快, 赶紧
C 動얼리다	制冷, 使冷冻
A 名얼마	多少
C 名얼마간(-間)	多少, 多多少少
A 副얼마나	❶多少 ❷多么
B 名얼음[어름]	冰
C 副얼핏[-핃]	赶紧
C 形엄격하다(嚴格-)[-껴카-]	严格
A 名엄마	妈妈

238

C	形	엄숙하다(嚴肅-)[-수카-]	严肃
C	形	엄청나다	很大, 非常大
C	動	업다[-따]	背
B	名	업무(業務)[엄무]	业务
C	名	업종(業種)[-쫑]	行业
C	名	업체(業體)	企业
A	形	없다[업따]	没有
B	動	없애다[업새-]	❶取消 ❷消灭
B	動	없어지다[업서-]	消失
B	副	없이[업시]	没有
C	動	엇갈리다[얻깔-]	错过
C	名	엉덩이	屁股
B	形	엉뚱하다	❶乱折腾 ❷出乎意料
C	名	엉망	乱七八糟, 杂乱无章
C	名	엉터리	胡说八道
B	副	엊그제[얻끄-]	前天, 前几天
C	動	엎드리다[업뜨-]	趴
C	感	에	嗳
B	名	에너지(energy)	❶能量

❷精力, 活力

A 名 에어컨(air conditioner) 空调

B 名 엔(일en) 日元

C 名 엔진(engine) 发动机, 引擎

B 名 엘리베이터(elevator) 电梯

B 名 여(女) 女

C 名 여가(餘暇) 余暇, 空闲

C 副 여간(如干) 普通, 一般

C 名 여건(與件)[-껀] 条件, 环境

C 動 여겨지다 被认为

B 名 여고생(女高生) 女高中生

B 名 여관(旅館) 旅馆

C 名 여군(女軍) 女军, 女兵

A 名 여권(旅券)[-꿘] 护照

A 代 여기 这儿

C 動 여기다 认为, 以为

B 名 여기저기 到处, 处处

B 名 여대생(女大生) 女大学生

A 數 여덟[-덜] 八

A 名 여동생(女同生) 妹妹

A 數 여든 八十

240

A 冠 여러	许多, 各
A 代 여러분	诸位, 各位
C 名 여럿[-럳]	很多, 许多人
C 名 여론(輿論)	舆论
A 名 여름	夏天
B 名 여름철	夏季
B 感 여보	喂
A 感 여보세요	喂(招呼的声音)
A 數 여섯[-섣]	六
B 名 여성(女性)	女性
C 名 여왕(女王)	女王
B 名 여우	狐狸
B 名 여유(餘裕)	富余
C 名 여인(女人)	女人
A 名 여자(女子)	女的, 女子
C 形 여전하다(如前-)	仍然, 依然如故
C 副 여전히(如前-)	依然
B 名 여직원(女職員)[-지권]	女工, 女职员
B 動 여쭈다	(对长辈)告诉
A 名 여학생(女學生)[-쌩]	女学生
A 名 여행(旅行)(하)	旅游

ㅇ

B 名 여행사(旅行社)	旅行社
A 動 여행하다(旅行-)	旅游, 旅行
C 名 역(役)	角色
A 名 역(驛)	站
A 名 역사(歷史)[-싸]	历史
B 名 역사가(歷史家)[-싸-]	历史学家
C 名 역사상(歷史上)[-싸-]	历史上
B 名 역사적(歷史的)[-싸-]	历史的
C 名 역사학(歷史學)[-싸-]	历史学
B 副 역시(亦是)[-씨]	也是
B 名 역할(役割)(하)[여칼]	作用
C 名 연간(年間)	年间
C 名 연결(連結)(하)	连结, 联系
B 動 연결되다(連結)	连结
C 名 연관(聯關)(하)	关联, 关系
B 名 연구(研究)(하)	研究
B 名 연구소(研究所)	研究所
C 名 연구실(研究室)	研究室
C 名 연구원(研究員)	研究员
B 名 연구자(研究者)	研究者
B 動 연구하다(研究-)	研究

C	名 연극(演劇)	话剧
B	名 연기(煙氣)	烟
C	名 연기(延期)(하)	延期
B	名 연기(演技)(하)	表演, 演技
C	動 연기되다(延期-)	被延期
C	名 연기자(演技者)	出演者, 演员
C	動 연기하다(延期-)	延期
C	名 연두색(軟豆色)	浅绿色
C	名 연락(連絡)(하)[열-]	联系, 联络
B	名 연락처(連絡處)[열-]	联络处
B	動 연락하다(連絡-)[열라카-]	联络
C	名 연령(年齡)[열-]	年龄, 年纪
B	名 연말(年末)	年末
C	動 연상하다(聯想-)	联想
C	名 연설(演說)(하)	演说
B	名 연세(年歲)	年岁, 年纪
C	名 연속(連續)(하)	连续
A	名 연습(練習)(하)	联系
A	動 연습하다(練習-)[-스파-]	联系
C	名 연애(戀愛)(하)[여내]	恋爱
C	名 연예인(演藝人)[여네-]	演员

C	名	연인(戀人)[여닌]	情人
C	名	연장(延長)(하)	延长
C	名	연주(演奏)(하)	演奏
C	名	연출(演出)(하)	导演, 出演
C	動	연출하다(演出-)	导演
A	名	연필(鉛筆)	铅笔
B	形	연하다(軟-)	嫩
C	名	연합(聯合)(하)	联合
B	名	연휴(連休)	连休
A	數	열	十
B	名	열(熱)	热
C	名	열기(熱氣)	热情
A	動	열다	开(门)
B	動	열리다	开, 打开
B	動	열리다	结(果实)
C	名	열매	果实
A	名	열쇠[-쐬]	钥匙
A	副	열심히(熱心-)[-씸-]	热心地, 积极地
C	名	열정(熱情)[-쩡]	热情
C	動	열중하다(熱中-)[-쭝-]	热衷, 用功
B	名	열차(列車)	列车

244

B	名	열흘	十天
C	形	엷다[열따]	薄
C	名	염려(念慮)[-녀]	担心, 挂念
B	動	염려하다(念慮-))[-녀-]	担心, 挂念
B	名	엽서(葉書)[-써]	明信片
C	動	엿보다[엳뽀-]	偷看, 窥伺
C	副	영(永)	永远
A	名	영국(英國)	英国
C	名	영남(嶺南)	岭南
C	名	영상(映像)	映像, 视频
B	名	영상(零上)	零上
C	名	영양(營養)	营养
A	名	영어(英語)	英语
C	名	영업(營業)(하)	营业, 营销
C	名	영역(領域)	领域
C	名	영웅(英雄)	英雄
B	形	영원하다(永遠-)	永远
B	副	영원히(永遠-)	永远
B	名	영하(零下)	零下
C	名	영향(影響)	影响
C	名	영향력(影響力)[-녁]	影响力

C	名	영혼(靈魂)	灵魂
A	名	영화(映畫)	电影
C	名	영화관(映畫館)	电影院
C	名	영화배우(映畫俳優)	电影演员
C	名	영화제(映畫祭)	电影节
A	名	옆[엽]	旁边
C	名	옆구리[엽꾸-]	肋下
B	名	옆방(-房)[엽빵]	隔壁房间
B	名	옆집[엽찝]	邻居
C	名	예	从前, 昔日
A	感	예	是
B	名	예(例)	例
C	名	예감(豫感)	预感
C	動	예고하다(豫告-)	预告
B	名	예금(預金)(하)	存款
B	動	예매하다(豫買-)	预购
C	名	예방(豫防)(하)	预防
C	動	예방하다(豫防-)	预防
C	名	예보(豫報)(하)	预报
C	名	예비(豫備)(하)	预备
A	形	예쁘다	漂亮

C 名 예산(豫算)(하)	预算
B 名 예상(豫想)(하)	预想, 预料
C 動 예상되다(豫想-)	被估计
C 動 예상하다(豫想-)	预想, 预料
C 名 예선(豫選)(하)	预选
A 數 예순	六十
B 名 예술(藝術)	艺术
B 名 예술가(藝術家)	艺术家
C 名 예술적(藝術的)	艺术的
C 名 예습(豫習)(하)	预习
C 動 예습하다(豫習-)[-스파-]	预习
C 名 예식장(禮式場)[-짱]	礼堂
B 名 예약(豫約)(하)	预约
C 動 예약하다(豫約-)[-야카-]	订, 预约
C 名 예외(例外)	例外
C 名 예의(禮儀)[-이]	礼仪, 礼节
B 名 예전	过去, 从前
B 名 예절(禮節)	礼节, 礼貌
B 名 예정(豫定)(하)	预定
C 動 예정되다(豫定-)	预定
C 動 예측하다(豫測-)[-츠카-]	预测

C	副	예컨대(例–)	比如
B	冠	옛[옏]	古, 旧
A	名	옛날[옏–]	古时, 昔日
B	名	옛날이야기[옏–]	故事
B	感	오	哦
A	數	오(五)	五
B	動	오가다	来往
A	名副	오늘	今天
B	名	오늘날[–랄]	今天
A	補	오다	表示持续
A	動	오다	来
C	名	오락(娛樂)	娱乐
A	副	오래	好久, 许久
A	名	오래간만	好久
B	副	오래도록	许久
B	動	오래되다	过了很久
B	名	오래전(–前)	很久以前
B	冠	오랜	好久
A	名	오랜만	好久
B	名	오랫동안[–랟똥–]	长久
A	名	오렌지(orange)	橙子

C 副 오로지	只
C 動 오르내리다	上上下下
A 動 오르다	❶上 ❷登(山)
B 名 오른발	右脚
B 名 오른손	右手
A 名 오른쪽	右边
B 名 오리	鸭子
B 名 오븐(oven)	烤炉, 烤箱
A 名 오빠	哥哥(女的用语)
A 數 오십(五十)	五十
C 名 오염(汚染)	污染
C 動 오염되다(汚染-)	被污染
A 名 오월(五月)	五月
B 名 오이	黄瓜
A 名 오전(午前)	上午
B 副 오직	唯, 仅
B 名 오징어	鱿鱼
C 名 오페라(opera)	歌剧
B 名 오피스텔(office+hotel)	写字楼
C 名 오해(誤解)(하)	误解
A 名 오후(午後)	下午

C	副 오히려	反而
C	名 옥상(屋上)[-쌍]	屋顶
B	名 옥수수[-쑤-]	玉米
B	冠 온	全部, 所有的
C	冠 온갖[-갇]	各种
B	名 온도(溫度)	温度
C	名 온돌(溫乭)	炕
C	名 온라인(on-line)[올-]	联机, 联线
B	名 온몸	全身, 浑身
C	名 온종일(-終日)	整天
B	副 온통	整个, 全部, 完全
C	冠 올	今年的
C	名 올	线条
C	名 올가을[-까-]	今年秋天
A	動 올라가다	上去
C	動 올라서다	登上, 爬上
B	動 올라오다	上来
C	動 올라타다	❶乘, 坐 ❷骑
B	動 올려놓다[-노타]	放上去
C	動 올려다보다	向上看
C	動 올리다	提高

250

B	名	올림픽(Olympic)	奥运会
C	形	올바르다	正确
C	名	올여름[-려-]	今年夏天
A	名	올해	今年
B	動	옮기다[옴-]	❶搬 ❷调换
B	形	옳다[올타]	正确
A	名	옷[옫]	衣服
C	名	옷차림[옫-]	穿着, 穿戴
B	感	와	哇
C	名	와이셔츠(white shirts)	衬衫
B	名	와인(wine)	葡萄酒
B	形	완벽하다(完璧-)[-벼카-]	完整, 完美无缺
C	名	완성(完成)(하)	完成
C	動	완성되다(完成-)	完成
C	動	완성하다(完成-)	完成
C	名	완전(完全)(하)	完全
C	形	완전하다(完全-)	完全
B	副	완전히(完全-)	完全
B	名	왕(王)	王
C	名	왕비(王妃)	王妃
C	名	왕자(王子)	王子

A	副	왜	为什么
A	副	왜냐하면	因为
B	副	왠지	不知道为什么
B	名	외(外)	外
C	名	외갓집(外家-)[-갇찝]	外婆家
C	名	외과(外科)[-꽈]	外科
B	名	외교(外交)	外交
B	名	외교관(外交官)	外交官
A	名	외국(外國)	外国
A	名	외국어(外國語)[-구거]	外语
A	名	외국인(外國人)[-구긴]	外国人
C	動	외다	背
C	名	외로움	孤独
B	形	외롭다[-따]	孤独
C	動	외면하다(外面-)	把脸转过去, 漠视
C	名	외모(外貌)	外貌
C	名	외부(外部)	外部
B	名	외삼촌(外三寸)	舅舅
C	名	외아들	独生子
B	動	외우다	背, 背诵
C	名	외제(外製)	外国产, 进口货

B	名 외출(外出)(하)	外出
B	動 외출하다(外出-)	外出
C	動 외치다	喊叫
C	名 외침	喊声
B	名 외할머니(外-)	外婆
C	名 외할아버지(外-)[-하라-]	外公
B	名 왼발	左脚
B	名 왼손	左手
A	名 왼쪽	左边
C	冠 요	这
C	名 요구(要求)(하)	要求
C	動 요구되다(要求-)	被要求
B	動 요구하다(要求-)	要求
B	名 요금(料金)	费用
A	名 요리(料理)(하)	菜
C	名 요리사(料理師)	厨师
A	動 요리하다(料理師-)	做菜, 烹调
B	名 요새	最近
C	動 요약하다(要約-)[-야카-]	摘要, 归纳
A	名 요일(曜日)	星期
A	名 요즈음	近来, 这两天

A	名 요즘	近来, 这两天
B	名 요청(要請)(하)	要求, 请求
C	動 요청하다(要請-)	要求, 请求
C	名 욕(辱)(하)	辱骂
B	名 욕실(浴室)[-씰]	浴室
B	名 욕심(欲心)[-씸]	贪心
C	動 욕하다(辱-)[요카-]	辱骂
C	名 용(龍)	龙
C	形 용감하다(勇敢-)	勇敢
C	名 용기(勇氣)	勇气
C	名 용기(容器)	容器
C	名 용도(用途)	用途
B	名 용돈(用-)[-똔]	零用钱
C	名 용서(容恕)(하)	宽恕, 饶恕
C	動 용서하다(容恕-)	宽恕, 饶恕
C	名 용어(用語)	用语
C	名 우려(憂慮)(하)	忧虑
A	代 우리	我们
A	名 우리나라	我国
B	名 우리말	国语
A	名 우산(雨傘)	雨伞

B 副 우선(于先)	首先
B 形 우수하다(優秀-)	优秀
C 形 우습다[-따]	可笑, 滑稽
B 名 우승(優勝)(하)	优胜
B 動 우승하다(優勝-)	得冠军
C 形 우아하다(優雅-)	优雅
B 副 우연히(偶然-)	偶然
B 形 우울하다(憂鬱-)	忧郁
A 名 우유(牛乳)	牛奶
C 名 우정(友情)	友情, 友谊
C 名 우주(宇宙)	宇宙
A 名 우체국(郵遞局)	邮局
C 名 우편(郵便)	邮局
B 名 우표(郵票)	邮票
B 名 운(運)	运气
A 名 운동(運動)(하)	运动
B 名 운동복(運動服)	运动服
A 名 운동장(運動場)	体育场, 操场
A 動 운동하다(運動-)	运动
A 名 운동화(運動靴)	运动鞋
C 名 운명(運命)	命运

ㅇ

C 名 운반(運搬)(하)　　　搬运

C 動 운영하다(運營-)[우녕-]　　　经营管理

A 名 운전(運轉)(하)　　　驾驶

B 名 운전기사(運轉技士)　　　司机

C 名 운전사(運轉士)　　　司机

B 名 운전자(運轉者)　　　司机

A 動 운전하다(運轉-)　　　开车, 驾驶

C 名 운행(運行)(하)　　　运行

A 動 울다　　　哭

C 動 울리다　　　弄哭

B 動 울리다　　　响

B 名 울산(蔚山)[-싼]　　　蔚山

B 名 울음[우름]　　　哭

C 名 울음소리[우름-]　　　哭声

B 動 움직이다[-지기-]　　　动, 动弹

C 名 움직임[-지김]　　　动向, 趋向

B 動 웃기다[욷끼-]　　　使人发笑, 可笑

A 動 웃다[욷따]　　　笑

B 名 웃어른[우더-]　　　长辈

B 名 웃음[우슴]　　　笑

C 名 웃음소리[우슴-]　　　笑声

C 副 워낙	❶非常, 太 ❷原来
A 名 원	圆(韩币单位)
C 感 원	哪儿
C 名 원(圓)	圆, 圆圈
C 名 원고(原稿)	稿子, 稿件
B 名 원래(元來)[월-]	原来, 本来
C 名 원서(願書)	志愿书, 申请书
B 名 원숭이	猴子
C 名 원인(原因)[워닌]	原因, 原由
C 名 원장(院長)	院长
B 名 원피스(one-piece)	连衣裙
B 動 원하다(願-)	愿, 希望
A 名 월(月)	月(量词)
B 名 월급(月給)	月薪, 工资
B 名 월드컵(World Cup)	世界杯
C 名 월세(月貰)[-쎄]	月租
A 名 월요일(月曜日)[워료-]	星期一
B 名 웨이터(waiter)	男侍者, 男服务员
C 冠 웬	哪来的, 干什么的
C 形 웬만하다	还可以, 稍许
B 名 웬일[-닐]	怎么回事

A	名 위	上
C	名 위(位)	地位, 职位
C	名 위(胃)	胃
C	名 위기(危機)	危机
C	形 위대하다(偉大-)	伟大
C	名 위로(慰勞)(하)	安慰, 慰劳
C	動 위로하다(慰勞-)	安慰, 慰劳
B	名 위반(違反)(하)	违反
C	動 위반하다(違反-)	违反
C	名 위법(違法)(하)	违法
C	名 위성(衛星)	卫星
B	名 위아래	上下
C	名 위원(委員)	委员
C	名 위원장(委員長)	委员长
C	名 위주(爲主)	为主
B	名 위쪽	上边
B	名 위층(-層)	上层
B	名 위치(位置)(하)	位置
B	動 위치하다(位置-)	位于
B	動 위하다(爲-)	为
A	名 위험(危險)(하)	危险

C	名	위험성(危險性)[-썽]	危险性
A	形	위험하다(危險-)	危险
C	名	위협(威脅)(하)	威胁
C	名	윗몸[윈-]	上身
C	名	윗사람[윈싸-]	长辈, 尊长
B	名	유교(儒敎)	儒敎
B	副	유난히	特别, 格外
C	形	유능하다(有能-)	有能力
B	名	유럽(Europe)	欧洲
B	名	유리(琉璃)	玻璃
B	名	유리창(琉璃窓)	玻璃窗
C	形	유리하다(有利-)	有利
C	名	유머(humor)	幽默
B	名	유명(有名)(하)	有名, 著名
A	形	유명하다(有名-)	有名
C	名	유물(遺物)	遗物
C	動	유발하다(誘發-)	❶诱发
			❷劝诱, 诱导
C	形	유사하다(類似-)	类似
C	名	유산(遺産)	遗产
A	名	유월(六月)	六月

C	動	유의하다(留意-)	留意, 留心
C	名	유적(遺跡)	遗迹
C	名	유적지(遺跡地)[-찌]	遗迹
C	動	유지되다(維持-)	维持
C	動	유지하다(維持-)	维持
B	名	유치원(幼稚園)	幼儿园
B	名	유학(儒學)	儒学
B	名	유학(留學)(하)	留学
B	名	유학생(留學生)[-쌩]	留学生
B	名	유행(流行)(하)	流行
B	動	유행하다(流行-)	流行
C	名	유형(類型)	类型
A	數	육(六)	六
C	名	육군(陸軍)[-꾼]	陆军
C	名	육상(陸上)[-쌍]	田径赛
A	數	육십(六十)[-씹]	六十
C	名	육체(肉體)	肉体, 身体
C	名	육체적(肉體的)	肉体的
C	副	으레	经常, 照例
B	感	으응	咦, 啊
C	名	은(銀)	银

C	形 은은하다(隱隱-)	隐隐, 隐约
A	名 은행(銀行)	银行
C	名 은행나무(銀杏-)	银杏树
B	感 음	嗯
C	名 음력(陰曆)[-녁]	阴历
B	名 음료(飲料)[-뇨]	饮料
B	名 음료수(飲料水)[-뇨-]	饮料
C	名 음반(音盤)	唱片
C	名 음성(音聲)	声音, 嗓音
A	名 음식(飲食)	饮食
C	名 음식물(飲食物)[-싱-]	食物
C	名 음식점(飲食店)[-쩜]	餐厅, 饭馆
A	名 음악(音樂)[으막]	音乐
B	名 음악가(音樂家)[으막까]	音乐家
C	名 음주(飲酒)(하)	饮酒
B	感 응	嗯
C	動 응답하다(應答-)[-다파-]	对答, 回答
B	名 의견(意見)	意见
C	名 의논(議論)	商量, 商榷
C	動 의논하다(議論-)	商量, 商榷
C	名 의도(意圖)	意图

C 名 의도적(意圖的)	有意的, 有目的的
C 名 의류(衣類)	衣类, 服装
C 名 의무(義務)	义务
C 名 의문(疑問)	疑问
B 名 의미(意味)(하)	意味, 意思
B 動 의미하다(意味-)	意味, 表示
C 名 의복(衣服)	衣服
C 名 의사(意思)	意思, 用意
A 名 의사(醫師)	大夫, 医生
C 名 의식(儀式)	仪式
C 名 의식(意識)(하)	意识
C 動 의식하다(意識-)[-시카-]	意识到, 认识到
C 名 의심(疑心)(하)	疑心, 怀疑
B 動 의심하다(疑心-)	怀疑
C 副 의외로(意外-)	意外地
C 名 의욕(意欲)	热情, 欲望
C 名 의원(議員)	议员
A 名 의자(椅子)	椅子
C 動 의존하다(依存-)	依赖
C 名 의지(意志)	意志
C 動 의지하다(依支-)	靠, 依靠

B 動 의하다(依−)	依, 依靠, 根据
C 名 의학(醫學)	医学
C 名 이	人, 位
A 名 이	牙齿
A 代 이	这
A 冠 이	这
A 數 이(二)	二
C 副 이같이[−가치]	这样, 如此
A 代 이거	这个
A 代 이것[−걷]	这个
B 名 이것저것[−걷−걷]	这个那个, 前前后后
A 代 이곳[−곧]	这儿
B 名 이곳저곳[−곧−곧]	到处, 处处
B 動 이기다	❶战胜, 赢 ❷克服
C 動 이끌다	❶拉着 ❷率领
B 名 이날	这一天
C 副 이내	马上
C 名 이내	以内
C 名 이념	理念
C 代 이놈	这家伙

C	名	이다음	以后, 往后
C	名	이달	本月
C	副	이대로	这样, 如此
C	名	이데올로기(독 Ideologie)	意识形态
B	名	이동(移動)(하)	移动, 流动
C	動	이동하다(移動-)	移动
B	副	이따가	待一会儿, 以后
C	副	이따금	间或, 有时
A	名	이때	这时候
C	名	이래(以來)	以来
C	動	이러다	这样做, 这样说
B	形	이러하다	这样, 如此
A	冠	이런	这样的
C	冠	이런저런	这样那样的
B	副	이렇게[-러케]	这样, 如此
A	形	이렇다[-러타]	这样
C	名	이력서(履歷書)[-써]	履历表, 简历
C	名	이론적(理論的)	理论的
C	形	이롭다(利-)[-따]	有利
B	動	이루다	❶完成, 做成, 实现
			❷达到

B	動	이루어지다	❶实现 ❷形成
C	動	이룩하다[-루카-]	实现, 建成
B	動	이뤄지다	❶实现 ❷形成
C	動	이르다	告诉, 说
B	形	이르다	早
B	動	이르다	❶达到 ❷抵达
A	名	이름	名字
B	副	이리	这里
C	副	이리저리	这里那里, 到处
B	名	이마	额头
B	名	이모(姨母)	姨妈
B	副	이미	已经
B	名	이미지(image)	形象, 概念, 印象
C	名	이민(移民)(하)	移民
B	名	이발소(理髮所)[-쏘]	理发店
A	名	이번(-番)	这次
C	名	이별(離別)(하)	离别, 分手
A	代	이분	这位
B	名	이불	被子
B	名	이빨	牙齿
B	名	이사(移徙)(하)	搬家, 迁移

C	名	이사장(理事長)	理事长, 董事长
B	動	이사하다(移徙-)	搬家, 迁移
B	名	이상(理想)	理想
B	名	이상(以上)	以上
B	名	이상(異常)(하)	奇怪, 异常
C	名	이상적(理想的)	理想的, 合乎理想的
B	形	이상하다(異常-)	奇怪, 可疑
B	名	이성(理性)	理性
C	名	이성(異性)	异性
C	名	이슬	露水
A	數	이십(二十)	二十
A	名	이야기(하)	❶故事 ❷话
A	動	이야기하다	❶讲故事 ❷讲话
C	副	이어	接着
C	副	이어서	接着
C	動	이어지다	连接, 联接
B	名	이외(以外)	以外, 之外
B	名	이용(利用)	利用
B	動	이용되다(利用-)	利用
C	名	이용자(利用者)	用户

B 動 이용하다(利用−) 利用

B 名 이웃[−욷] ❶邻近 ❷邻居

B 名 이웃집[−욷찝] 邻居

A 名 이월(二月) 二月

B 名 이유(理由) 理由

C 副 이윽고[−꼬] ❶一会儿 ❷接着

B 名 이익(利益) 利益

C 名 이자(利子) 利息

B 名 이전(以前) 以前, 从前

A 副 이제 现在

A 名 이제 现在, 目前

C 副 이제야 现在才, 此刻才

C 名 이중(二重) 双重

A 代 이쪽 这边

B 名 이튿날[−튼−] 二日, 翌日

B 名 이틀 两天

B 名 이하(以下) 以下

C 名 이해(利害) 利害

B 名 이해(理解)(하) 理解

C 名 이해관계(利害關係) 利害关系

C 動 이해되다(理解−) 理解

A	動 이해하다(理解−)	理解
B	名 이혼(離婚)(하)	离婚
B	動 이혼하다(離婚−)	离婚
B	名 이후(以後)	以后
C	形 익다[−따]	熟练, 熟悉
B	動 익다[−따]	熟, 成熟
B	形 익숙하다[−수카−]	熟练, 熟悉
B	動 익숙해지다[−수캐−]	变熟练, 混熟
C	動 익히다[이키−]	磨练, 练习
C	動 익히다[이키−]	煮熟
C	名 인	人
B	名 인간(人間)	❶人 ❷人类
C	名 인간관계(人間關係)	人际关系
C	名 인간성(人間性)[−썽]	❶人性 ❷人情
C	名 인간적(人間的)	有人情味
C	名 인격(人格)	❶人格 ❷品格
C	名 인공(人工)	❶人工, 人造 ❷人力
B	名 인구(人口)	人口
C	名 인근(隣近)	邻近
B	名 인기(人氣)[−끼]	声誉, 人缘

C 名 인도	人行道
C 名 인류(人類)[일−]	人类
C 名 인물(人物)	人物
B 名 인분(人分)	份
C 名 인사(人事)	人事
A 名 인사(人士)	人士
A 名 인사(人事)(하)	行礼, 打招呼, 请安
B 名 인사말(人事−)	应酬话
A 動 인사하다(人事−)	行礼, 打招呼, 问候
B 名 인삼(人蔘)	人参
B 名 인삼차(人蔘茶)	人参茶
B 名 인상(人相)	头像
B 名 인상(印象)	印象
C 名 인상(引上)(하)	❶提高 ❷拉上
C 名 인상적(印象的)	印象很深的
B 名 인생(人生)	人生
C 名 인쇄(印刷)(하)	印刷
C 動 인식하다(認識−)[−시카−]	认识
C 名 인연(因緣)[이년]	❶关系, 因缘
	❷缘分
B 名 인원(人員)[이눤]	人员

C	名	인재(人材)	人才
C	動	인정되다(認定-)	认定, 认为
C	動	인정받다(認定-)	被认可
C	動	인정하다(認定-)	承认, 认可
C	名	인제	到现在, 现在开始
B	副	인제	❶ 现在 ❷ 马上 ❸ 从今以后
C	名	인종(人種)	人种
A	名	인천(仁川)	仁川
B	名	인천공항(仁川空港)	仁川机场
C	名	인체(人體)	人体
B	名	인터넷(internet)	因特网
B	名	인터뷰(interview)	采访
C	名	인하(引下)(하)	降低
C	動	인하다(因-)	因为, 由于
B	名	인형(人形)	❶ 人形 ❷ 娃娃
A	名	일	活儿, 事情, 工作
A	數	일(一)	一
A	名	일(日)	天, 日
A	數	일곱	七
B	名	일기(日氣)	天气

B 名 일기(日記)　日记

C 副 일단(一旦)[-딴]　❶一旦 ❷暂时

C 冠 일대(一大)[-때]　一大

B 名 일등(一等)[-뜽]　一等, 一级

B 名 일반(一般)　一般

C 名 일반인(一般人)[-바닌]　一般人

B 名 일반적(一般的)　一般

A 名 일본(日本)　日本

A 名 일본어(日本語)[-보너]　日语

B 名 일부(一部)　一部分

C 副 일부러　❶特意 ❷故意

B 名 일상(日常)[-쌍]　日常

B 名 일상생활(日常生活)[-쌍-]　日常生活

C 名 일상적(日常的)[-쌍-]　日常的

C 名 일생(一生)[-쌩]　一生

C 名 일손[-쏜]　❶(干活儿的)手 ❷手艺 ❸人手

C 名 일시적(一時的)[-씨-]　一时的

C 名 일식(日食)[-씩]　日本料理

C 名 일쑤　最好

A 動 일어나다[이러-]　❶站起来 ❷起床

A	動	일어서다[이러-]	❶站起来
			❷兴起, 兴旺
A	名	일요일(日曜日)[이료-]	星期日
A	名	일월(一月)[이뤌]	一月
B	動	일으키다[이르-]	引起, 掀起
C	副	일일이[-리리]	一一地, 详细
C	名	일자(日子)[-짜]	日期
C	名	일자리[-짜-]	工作岗位
B	名	일정(日程)[-쩡]	日程
C	形	일정하다(一定-)[-쩡-]	一定的
C	名	일종(一種)[-쫑]	一种
A	名	일주일(一週日)[-쭈-]	一周
A	副	일찍	❶早 ❷曾经, 过去
C	副	일찍이[-찌기]	❶早 ❷曾经, 过去
C	名	일체(一切)	一切
C	名	일치(一致)(하)	一致
C	動	일치하다(一致-)	一致
A	動	일하다	工作
C	名	일행(一行)	一行
B	名	일회용(一回用)	一次性
B	名	일회용품(一回用品)	一次性用品

A	數	일흔	七十
A	動	읽다[익따]	念, 读
B	動	읽히다[일키-]	'읽다'的被动态
A	動	잃다[일타]	❶丢失 ❷失去 ❸迷失
A	動	잃어버리다[이러-]	弄丢
C	名	임금	皇帝, 国王
B	名	임금(賃金)	工资, 工钱
C	名	임무(任務)	任务
B	名	임시(臨時)	临时
B	名	임신(妊娠)(하)	妊娠, 怀孕
C	名	임신부(妊娠婦)	孕妇
C	動	임신하다(妊娠-)	怀孕
A	名	입	嘴
B	名	입구(入口)[-꾸]	入口
C	名	입국(入國)(하)[-꾹]	入境
A	動	입다[-따]	穿(衣服)
C	名	입대(入隊)(하)[-때]	当兵, 参军
C	名	입력(入力)(하)[임녁]	输入
C	動	입력하다(入力-)[임녁-]	输入
C	名	입맛[임맏]	胃口

C	名 입사(入社)(하)[-싸]	进入公司
C	動 입사하다(入社-)[-싸-]	进入公司
B	名 입술[-쑬]	嘴唇
C	名 입시(入試)[-씨]	入学考试
B	名 입원(入院)(하)[이붠]	住院
B	動 입원하다(入院-)[이붠-]	住院
C	名 입장(立場)[-짱]	立场
B	名 입학(入學)(하)	入学
B	動 입학하다(入學-)[이파카-]	入学
C	動 입히다[이피-]	给穿上
C	動 잇다[읻따]	❶连接 ❷连绵 ❸继承
C	動 잇따르다[읻-]	跟随, 跟着
A	動 있다[읻따]	有, 在
A	補 있다[읻따]	表示进行(正在)
A	動 잊다[읻따]	忘记
A	動 잊어버리다[이저-]	忘掉
C	動 잊혀지다[이쳐-]	忘记
A	名 잎[입]	叶子

C 名	자	尺
B 感	자	来
C 名	자(字)	字
C 名	자(者)	❶者 ❷家伙
B 名	자가용(自家用)	私家车
B 名	자격(資格)	资格
C 名	자격증(資格證)[-쯩]	资格证
C 名	자극(刺戟)(하)	刺激
C 動	자극하다(刺戟-)[-그카-]	刺激
B 名代	자기(自己)	自己
B 副	자꾸	老是, 总是
B 副	자꾸만	老是, 总是
C 代	자네	你, 君
C 名	자녀(子女)	子女
A 動	자다	睡觉
B 名	자동(自動)	自动
A 名	자동차(自動車)	汽车
B 動	자라나다	成长, 长大

B 動 자라다	生长, 长大
C 名 자랑(하)	❶骄傲, 自豪
	❷夸耀
B 形 자랑스럽다[-따]	值得骄傲的, 引以自豪的
B 動 자랑하다	夸耀, 炫耀
B 名 자료(資料)	资料
B 動 자르다	切断, 砍断
A 名 자리	座位
C 名 자리	睡处
C 名 자매(姉妹)	姉妹
C 名 자부심(自負心)	自豪感, 自信心
C 名 자살(自殺)(하)	自杀
C 動 자살하다(自殺-)	自杀
C 名 자세(姿勢)	姿势
C 形 자세하다(仔細-)	仔细
B 副 자세히(仔細-)	仔细地
B 名 자식(子息)	❶子女 ❷小宝宝 ❸小子
B 名 자신(自身)	自己
B 名 자신(自信)(하)	自信, 信心

C 名 자신감(自信感) 自信

B 名 자연(自然) ❶自然, 大自然

❷自然界

B 形 자연스럽다(自然-)[-따] 自然

C 名 자연적(自然的) 自然的

C 名 자연현상(自然現象) 自然现象

C 名 자연환경(自然環境) 自然环境

C 副 자연히(自然-) 自然地

C 名 자원(資源) 资源

B 名 자유(自由) 自由

B 形 자유롭다(自由-)[-따] 自由

C 名 자율(自律) 自律

A 名 자장면 炸酱面

A 名 자전거(自轉車) 自行车

C 名 자정(子正) 子夜

C 名 자존심(自尊心) 自尊心

A 副 자주 时常, 常常

B 名 자체(自體) 自己

C 名 자취(自炊) (脚)步

C 名 자판(字板) 键盘

B 名 자판기(自販機) 自动售货机

B	名	작가(作家)[-까]	作家
A	名	작년(昨年)[장-]	去年
A	形	작다[-따]	小
C	名	작성(作成)(하)[-썽]	拟定, 制订
C	動	작성하다(作成-)[-썽-]	拟定, 制订
B	動	작아지다[자가-]	变小
C	名	작업(作業)(하)[자겁]	作业
C	名	작용(作用)(하)[자공]	作用
C	動	작용하다(作用-)[자공-]	起作用, 作用于
C	名	작은딸[자근-]	小女儿
C	名	작은아들[자근-]	小儿子
C	名	작은아버지[자근-]	叔叔
C	名	작은어머니[자근-]	婶婶
C	名	작품(作品)	作品
A	名	잔(盞)	杯子
C	名	잔디	草皮
C	名	잔디밭[-받]	草坪
B	副	잔뜩	❶满 ❷饱
B	名	잔치	❶宴会, 酒席
			❷喜筵
A	副	잘	❶好好地

❷ 很, 非常

❸ 清楚

C 形 잘나다[-라-] ❶ 长得俊, 漂亮, 好看

❷ 伟大, 了不起

B 動 잘되다　好了, 成了, 行了

C 動 잘리다　❶ 被砍 ❷ 被解雇

B 名 잘못[-몯]　差错, 错误

B 副 잘못[-몯]　错, 不对

B 動 잘못되다[-몯뙤-]　弄错

B 動 잘못하다[-모타-]　错误, 不对

B 動 잘살다　生活得好, 过得好

B 形 잘생기다　长得好看, 长得漂亮

A 動 잘하다　❶ 干得好

❷ 擅长, 善于

A 名 잠　❶ 睡觉 ❷ 沉睡

C 動 잠그다　锁

C 動 잠기다　浸, 泡

A 副 잠깐　一会儿

A 名 잠깐(暫間-的變形)　一会儿

B 動 잠들다	❶入睡 ❷安息
C 名 잠바(jumper)	工作夹克, 运动夹克
C 名 잠수함(潛水艦)	潜水艇
B 名 副 잠시(暫時)	暂时
B 名 잠옷[자몯]	睡衣
A 動 잠자다	睡觉
C 名 잠자리	蜻蜓
C 名 잠자리[-짜-]	睡处
A 動 잡다[-따]	❶抓, 握 ❷定 ❸掌握
C 動 잡수다[-쑤-]	吃(敬语)
A 動 잡수시다[-쑤-]	吃('먹다'的尊称)
C 動 잡아당기다[자바-]	扳, 拉, 扯
C 動 잡아먹다[자바-따]	❶杀了吃 ❷消费, 耗费
A 名 잡지(雜誌)[-찌]	杂志
B 動 잡히다[자피-]	被逮, 被抓
B 名 장	章
A 名 장(張)	张
B 名 장가	娶妻

B 名 장갑(掌甲)   手套

C 名 장관(長官)   ❶长官

                         ❷大臣或部长

B 名 장군(將軍)   将军

C 名 장기간(長期間)   长期

C 名 장기적(長期的)   长期的

C 名 장난(하)   ❶顽皮, 淘气

                         ❷开玩笑

                         ❸恶作剧

B 名 장난감[-깜]   玩具

B 名 장남(長男)   长子

B 名 장래(將來)[-내]   将来, 未来

C 名 장례(葬禮)[-녜]   葬礼

C 名 장례식(葬禮式)[-녜-]   葬礼

C 名 장르(프genre)   体裁, 形式

B 名 장마   霪雨, 梅雨

C 名 장면(場面)   场面

C 名 장모(丈母)   丈母娘, 岳母

C 名 장모님(丈母-)   岳母(敬语)

A 名 장미(薔薇)   玫瑰

C 名 장비(裝備)   装备

B 名 장사(하)	做生意, 经商
C 名 장사꾼	商人(卑称)
A 名 장소(場所)	地点, 地方
C 名 장수	生意人, 买卖人
C 名 장식(裝飾)(하)	装饰
C 名 장애(障碍)	残疾
C 名 장인(丈人)	丈人, 岳父
B 名 장점(長點)[-쩜]	长处, 优点
C 副 장차(將次)	将来
B 名 장학금(獎學金)[-끔]	奖学金
C 形 잦다[잗따]	频繁
C 名 재능(才能)	才能
C 動 재다	❶量, 测量
	❷估量, 衡量
B 名 재료	材料
A 名 재미	兴趣
A 形 재미없다[-업따]	没趣, 没意思
A 形 재미있다[-읻따]	有意思
C 形 재밌다[-믿따]	有趣, 有意思
C 副 재빨리	敏捷地, 迅速地
B 名 재산(財産)	财产

C	名 재생(再生)(하)	❶再生 ❷再现
C	名 재수(財數)	运气, 点儿
C	勳 재우다	浸, 泡
B	名 재작년(再昨年)[-장-]	前年
C	名 재정(財政)	财政
C	名 재주	才干, 才能
C	名 재즈(jazz)	爵士, 爵士乐
B	名 재채기	喷嚏
C	名 재판(裁判)(하)	❶审判, 审理 ❷裁判
C	名 재학(在學)(하)	在校
C	名 재활용(再活用)(하)[-화룡]	再利用
C	名 재활용품(再活用品)[-화룡-]	再生品, 再利用品
A	代 저	那
A	代 저	我
A	冠 저	那
B	感 저	嗯
A	代 저거	那个
A	代 저것[-걷]	那个, 那家伙
C	名 저고리	(韩服式)上衣

A 代 저곳[-곧]	那儿
C 感 저기	嗯
A 代 저기	那儿
A 名 저녁	晚上
B 名 저녁때	傍晚时分
C 動 저러다	那样做
B 感 저런	唉呀
B 冠 저런	那样的
B 副 저렇게[-러케]	那样, 那么
B 形 저렇다[-러타]	那样
B 副 저리	那里, 那么
C 副 저마다	各自
B 名 저번(這番)	上一次
C 名 저울	秤
B 名 저자(著者)	作者
C 副 저절로	自然而然地, 不由地
C 動 저지르다	弄坏, 搞糟, 闯祸
A 代 저쪽	那边
B 名 저축(貯蓄)(하)	储蓄
C 代 저편(-便)	那边

B	代 저희	我们
B	名 적	…时候
B	名 적(敵)	敌人
B	名 적극(積極)[-끅]	积极
B	名 적극적(積極的)[-극쩍]	积极的
A	動 적다[-따]	记录, 抄写
A	形 적다[-따]	少
B	形 적당하다(適當-)[-땅-]	恰当, 适当
B	副 적당히(適當-)[-땅-]	适当地
C	名 적성(適性)[-썽]	适合性, 适应性
B	副 적어도[저거-]	至少
B	動 적어지다[저거-]	减少
C	名 적용(適用)(하)[저굥]	❶运用, 应用 ❷采用
C	動 적용되다(適用-)[저굥-]	被运用, 被应用
B	動 적용하다(適用-)[저굥-]	运用, 应用
C	名 적응(適應)(하)[저긍]	适应
C	動 적응하다(適應-)[저긍-]	适应
C	形 적절하다(適切-)[-쩔-]	合适, 妥当
C	形 적합하다(適合-)[저카파-]	适合, 合适
C	動 적히다[저키-]	记着

ㅈ

C 冠 전(全)　　　　　全

A 名 전(前)　　　　　前

A 冠 전(前)　　　　　前

C 名 전개(展開)(하)　　展开

C 動 전개되다(展開-)　被展开

C 動 전개하다(展開-)　展开

B 名 전공(專攻)(하)　　专业

C 動 전공하다(專攻-)　专门研究

C 名 전구(電球)　　　　电灯泡

B 名 전국(全國)　　　　全国

C 名 전국적(全國的)[-쩍]　全国的

C 名 전기(傳記)　　　　传记

C 名 전기(前期)　　　　前期

B 名 전기(電氣)　　　　电

B 名 전기밥솥(電氣)[-쏟]　电饭锅

B 名 전날(前-)　　　　前一天

C 名 전달(傳達)(하)　　传达

C 動 전달되다(傳達-)　被传达

B 動 전달하다(傳達-)　传达

B 名 전라도(全羅道)[절-]　全罗道

C 名 전망(展望)(하)　　❶眺望, 遥望

286

ㅈ

C 動	전망하다(展望-)	展望
B 名	전문(專門)	专门
B 名	전문가(專門家)	专家
C 名	전문적(專門的)	专门的
C 名	전문점(專門店)	专卖店
C 名	전문직(專門職)	专业职位
C 名	전반(全般)	全盘, 通盘
C 名	전반적(全般的)	全盘的
B 名	전부(全部)	全部
B 副	전부(全部)	全部
C 名	전선(戰線)	战线
C 名	전설(傳說)	传说
C 名	전세(傳貰)	租金
C 名	전시(展示)(하)	展示, 展览
C 動	전시되다(展示-)	被展示
C 名	전시장(展示場)	展厅
C 動	전시하다(展示-)	展示, 展览
C 名	전시회(展示會)	展览会
C 名	전용(專用)[저농]	专用
B 名	전자(電子)	电子

B	名 전쟁(戰爭)(하)	战争
C	名 전주(全州)	全州
B	名 전철(電鐵)	地铁
B	名 전체(全體)	全体
B	名 전체적(全體的)	全体的
B	名 전통(傳統)	传统
C	名 전통문화(傳統文化)	传统文化
B	名 전통적(傳統的)	传统的
B	動 전하다(傳–)	❶传递 ❷传, 流传
B	動 전해지다(傳–)	被流传
B	副 전혀(全–)	全然, 完全
A	名 전화(電話)(하)	电话
B	名 전화기(電話機)	电话机
A	名 전화번호(電話番號)	电话号码
A	動 전화하다(電話–)	打电话
C	名 전환(轉換)(하)	转换, 转变
C	動 전환하다(轉換–)	转换, 转变
C	名 전후(前後)	❶前后 ❷左右
B	名 절	拜, 行礼
B	名 절	寺院, 庙宇
C	名 절(節)	节, 段

B	副 절대(絕對)[-때]	绝对
C	名 절대(絕對)[-때]	绝对
B	副 절대로(絕對-)[-때-]	绝对
C	名 절대적(絕對的)[-때-]	绝对的
C	名 절망(絕望)(하)	绝望
B	名 절반(折半)	一半
C	名 절약(節約)(하)[-략]	节约
B	動 절약하다(節約-)[-략-]	节约
C	名 절차(節次)	次序, 顺序
B	形 젊다[점따]	年轻
B	名 젊은이[절므니]	年轻人
C	名 젊음[절음]	年轻
B	名 점(點)	点, 斑点
B	名 점(點)	❶分数 ❷块, 片
C	名 점검(點檢)(하)	检查
B	名 점수(點數)[-쑤]	分数
A	名 점심(點心)	午饭
B	名 점심때(點心-)	午饭时间
A	名 점심시간(點心時間)	午饭时间
B	名 점원(店員)[저원]	店员, 推销员
C	形 점잖다[-잔타]	端庄, 斯文, 文雅

B 副 점점(漸漸)　　　　渐渐, 逐渐

B 副 점차(漸次)　　　　渐渐, 逐渐

C 名 접근(接近)(하)[-끈]　　接近

C 動 접근하다(接近-)[-끈-]　　接近

C 動 접다[-따]　　　　❶折, 折叠

　　　　　　　　❷合, 收

B 名 접시[-씨]　　　　碟子

C 名 접촉(接觸)(하)　　接触

C 動 접하다(接-)[저파-]　　❶接壤

　　　　　　　　❷接触, 接到

A 名 젓가락[젇까-]　　筷子

B 動 젓다[젇따]　　❶挥动 ❷摇

B 名 정(情)　　❶心情 ❷感情

B 名 정거장(停車場)　　车站

C 名 정기(定期)　　　定期

C 名 정기적(定期的)　　定期的

B 名 정답(正答)　　　正确答案

C 名 정당(政黨)　　　政党

B 名 정도(程度)　　　程度

A 名 정류장(停留場)[-뉴-]　　车站

B 名 정리(整理)(하)[-니]　　整理, 整顿

C	動	정리되다(整理-)[-니-]	被整理
B	動	정리하다(整理-)[-니-]	整理, 整顿
B	名	정말(正-)	真话, 真的
B	感	정말(正-)	真是的
A	副	정말(正-)	真的
B	副	정말로(正-)	真的
C	名	정면(正面)	正面
B	名	정문(正門)	正门
C	名	정반대(正反對)	正相反
B	名	정보(情報)	信息
C	名	정보화(情報化)	信息化
C	名	정부(政府)	政府
C	名	정비(整備)(하)	❶整备, 配备 ❷保养
C	名	정상(正常)	正常
B	名	정상(頂上)	首脑
C	名	정상적(正常的)	正常的
C	名	정성(精誠)	赤诚, 诚恳
B	名	정식(正式)	正式
B	名	정신(精神)	精神
C	名	정신과(精神科)[-꽈]	精神科

C 副 정신없이(精神-)[-시넙시]　精神恍惚,
糊里糊涂, 发愣

B 名 정신적(精神的)　精神的

C 名 정오(正午)　正午

B 名 정원(庭園)　庭院

C 名 정장(正裝)　正装

C 名 정지(停止)(하)　停止

C 形 정직하다(正直-)[-지카-]　正直

B 名 정치(政治)　政治

C 名 정치권(政治權)[-꿘]　政治权

C 名 정치인(政治人)　政治人

B 名 정치적(政治的)　政治的

C 名 정치학(政治學)　政治学

B 動 정하다(定-)　❶定, 决定 ❷立

B 動 정해지다(定-)　被决定

B 形 정확하다(正確-)[-화카-]　正确

B 副 정확히(正確-)[-화키]　正确地

C 名 젖[젇]　奶

B 動 젖다[젇따]　湿, 后倾

C 動 제거하다(除去-)　清除

C 名 제공(提供)(하)　提供

B 動 제공하다(提供-)	提供
C 名 제과점(製菓店)	面包店
B 副 제대로	❶顺利 ❷按原样
C 動 제대하다(除隊-)	退伍
C 名 제도적(制度的)	制度的
B 名 제목(題目)	题目
B 副 제발	千万
B 副 제법	相当好, 够好
C 名 제비	燕子
C 名 제사(祭祀)	祭祀
C 名 제삿날(祭祀-)[-산-]	祭日
C 名 제시(提示)(하)	提出, 揭示
C 動 제시되다(提示-)	被提出, 被揭示
C 動 제시하다(提示-)	提出, 揭示
C 名 제안(提案)(하)	提案
C 動 제안하다(提案-)	提案
C 名 제약(制約)(하)	制约
C 動 제외되다(除外-)	被除外, 被除去
C 動 제외하다(除外-)	除外
C 名 제의(提議)(하)[-이]	提议, 建议
C 動 제의하다(提議-)[-이-]	提议, 建议

A 名제일(第一) 最, 第一
C 名제자(弟子) 弟子, 学生
C 名제자리 原地, 自己的位子
C 名제작(製作)(하) 制作, 制造
C 動제작하다(製作-)[-자카-] 制作, 制造
A 名제주도(濟州島) 济州岛
C 名제출(提出)(하) 提出
B 動제출하다(提出-) 提出
B 名제품(製品) 产品
B 名제한(制限)(하) 限制, 局限
C 動제한되다(制限-) 被限制
C 動제한하다(制限-) 限制
C 名조(條) 条
C 名조(組) 班
C 名조(組) 组
C 名조각 片, 块
B 名조각(彫刻)(하) 雕刻
C 名조개 贝
B 名조건(條件)[-껀] 条件
C 形조그마하다 小
B 形조그맣다[-마타] 小

A	副 조금	①少量 ②稍微
A	名 조금	一点儿
B	副 조금씩	一点一点地
C	名 조기(早期)	早期
C	名 조깅(jogging)(하)	慢跑, 竞走
C	動 조르다	纠缠
C	名 조명(照明)	①照明 ②灯光
C	名 조미료(調味料)	调料
B	名 조사(調査)(하)	调查
B	動 조사하다(調査-)	调查
B	名 조상(祖上)	祖先
C	名 조선(朝鮮)	朝鲜
B	形 조심스럽다(操心-)[-따]	小心, 谨慎
B	動 조심하다(操心-)	小心, 谨慎
A	形 조용하다(從容-的變形)	①安静 ②平静 ③斯文, 文静
B	副 조용히	①安静地 ②平静地
C	名 조절(調節)(하)	调整, 调节
C	動 조절하다(調節-)	调整, 调节
C	名 조정(調整)(하)	调整

C	動	조정하다(調整–)	调整
C	名	조직(組織)(하)	组织
B	名	조카	侄子, 侄女
C	動	조화되다(調和–)	调和
C	動	존경하다(尊敬–)	尊敬
B	名	존댓말(尊待–)[–댄–]	敬语
C	名	존재(存在)(하)	❶存在 ❷地位, 人物
C	動	존재하다(存在–)	存在
C	動	존중하다(尊重–)	尊重
B	動	졸다	打盹, 瞌睡
C	動	졸리다	困
A	名	졸업(卒業)(하)[조립]	毕业
B	名	졸업생(卒業生)[조립쌩]	毕业生
A	動	졸업하다(卒業–)[조러파–]	毕业
C	名	졸음[조름]	困
A	副	좀	稍微, 少量
B	形	좁다[–따]	窄, 狭窄
C	動	좁히다[조피–]	缩小, 拉短
B	名	종(種)	种, 种子
C	名	종(鐘)	钟

B	名	종교(宗敎)	宗教
C	名	종교적(宗敎的)	宗教的
B	名	종로(鍾路)[-노]	钟路
B	名	종류(種類)[-뉴]	种类
C	名	종소리(鐘-)[-쏘-]	钟声
B	名	종업원(從業員)[-어붠]	职工
A	名	종이	纸
B	名	종이컵(-cup)	纸杯
B	名	종일(終日)	终日, 整天
C	副	종종(種種)	经常, 常常
B	名	종합(綜合)	综合
C	動	종합하다(綜合-)[-하파-]	综合, 总括
A	形	좋다[조타]	❶ 好, 不错
			❷ 高兴, 愉快
C	感	좋아[조-]	好啊
B	動	좋아지다[조-]	好起来, 变好
A	動	좋아하다[조-]	爱, 好, 喜
B	名	좌석(座席)	座席, 席位
C	名	좌우(左右)	左右
C	名	죄(罪)	罪
A	形	죄송하다(罪悚-)	抱歉, 过意不去

C	名죄인(罪人)	罪人, 罪犯
C	冠주(主)	主
A	名주(週)	周
A	名주(週)	周(量词)
C	名주거(住居)(하)	居住
C	動주고받다[-따]	❶交往, 往来
		❷交谈
C	名주관적(主觀的)	主观的
C	名주년(周年)	周年
A	補주다	授予, 予以
A	動주다	❶给 ❷下(命令)
		❸浇(水)
B	副주로(主-)	主要地
C	名주름	皱纹
C	名주름살[-쌀]	皱纹, 折纹
A	名주말(週末)	周末
B	名주머니	荷包, 口袋
B	名주먹	拳头
B	動주무시다	睡觉(尊称)
C	名주문(呪文)	咒语
C	名주문(注文)(하)	订购, 订货

B	動 주문하다(注文-)	订购, 订货
C	名 주민(住民)	居民
C	名 주방(廚房)	厨房
B	名 주변(周邊)	周围
B	名 주부(主婦)	主妇
B	名 주사(注射)(하)	注射
A	名 주소(住所)	地址
A	名 주스(juice)	果汁
C	名 주식(株式)	股票
C	動 주어지다	现有的
B	名 주요(主要)(하)	主要
C	形 주요하다(主要-)	主要
B	名 주위(周圍)	周围
C	名 주의(注意)(하)[-이]	❶注意, 小心
		❷细心
C	動 주의하다(注意-)[-이-]	注意, 小心
A	名 주인(主人)	主人, 主人翁
B	名 주인공(主人公)	主人公
C	名 주일(週日)	星期, 礼拜
C	名 주장(主張)(하)	主张
B	動 주장하다(主張-)	主张

C	動 주저앉다[-안따]	❶ 一屁股坐到地上
		❷ 呆, 停留
C	名 주전자(酒煎子)	水壶
B	名 주제(主題)	主题
B	名 주차(駐車)(하)	停车
B	名 주차장(駐車場)	停车场
B	動 주차하다(駐車-)	停车
B	名 주택(住宅)	住宅
C	名 주한(駐韓)	驻韩
C	副 죽	❶ 一直, 笔直
		❷ 一下子
B	名 죽(粥)	粥
B	補 죽다[-따]	死
A	動 죽다[-따]	死
B	名 죽음[주금]	死亡
B	動 죽이다[주기-]	弄死, 杀死
A	名 준비(準備)(하)	准备
B	動 준비되다(準備-)	准备好
B	名 준비물(準備物)	准备物品
A	動 준비하다(準備-)	准备
B	名 줄	会, 以为

B	名 줄	绳子
C	名 줄거리	❶蔬菜茎 ❷树干 ❸梗概
C	副 줄곧	一直
B	名 줄기	❶茎, 干 ❷(山)脉, (河)流
B	動 줄다	❶缩小, 缩短 ❷退步
B	名 줄무늬[-니]	线纹
C	動 줄어들다[주러-]	减少, 消退
B	動 줄이다[주리-]	减少
B	動 줍다[-따]	拾取, 捡
B	名 중(中)	拾取, 捡
B	名 중간(中間)	中间, 中途
C	名 중계방송(中繼放送)[-게-]	转播
A	名 중국(中國)	中国
A	名 중국어(中國語)[-구거]	汉语
B	名 중국집(中國-)[-찝]	中餐馆
C	名 중년(中年)	中年
C	名 중단(中斷)(하)	中断
C	動 중단되다(中斷-)	被中断

C	動 중단하다(中斷-)	中断
C	形 중대하다(重大-)	重大, 重要
C	名 중독(中毒)(되)	中毒
C	名 중반(中盤)	中期
C	名 중부(中部)	中部
C	名 중세(中世)	中世纪
C	名 중소기업(中小企業)	中小企业
C	名 중순(中旬)	中旬
C	名 중식(中食)	中国料理
B	名 중심(中心)	中心
C	名 중심지(中心地)	中心地区
C	名 중앙(中央)	❶中心 ❷中央
C	動 중얼거리다	喃喃自语
B	名 중요(重要)(하)	重要
B	名 중요성(重要性)[-썽]	重要性
C	動 중요시하다(重要視-)	重视
A	形 중요하다(重要-)	重要
A	名 중학교(中學校)	初中
A	名 중학생(中學生)	初中生
B	名 쥐	老鼠
B	動 쥐다	❶抓, 握 ❷掌握

302

B 副 즉(卽)　即，就是

C 名 즉석(卽席)[-썩]　即席，当场

B 名 즉시(卽時)[-씨]　即时，立刻

B 名 즐거움　快乐

B 動 즐거워하다　感到快乐，愉快

A 形 즐겁다[-따]　高兴，欢喜

B 動 즐기다　❶爱好，喜爱

❷快乐

C 名 증가(增加)(하)　增加

C 動 증가하다(增加-)　增加

C 名 증거(證據)　证据

C 名 증권(證券)[-꿘]　证券

C 名 증권사(證券社)[-꿘-]　证券公司

C 動 증명하다(證明-)　证明

B 名 증상(症狀)　症状

B 名 증세(症勢)　病情，症状

B 名 지　表示‘之后，以后’
的意思

C 名 지각(知覺)(하)　知觉

A 名 지갑(紙匣)　钱包

C 形 지겹다[-따]　漫长而令人厌倦

C	名	지경(地境)	❶地界 ❷地步
B	名	지구(地區)	地区
B	名	지구(地球)	地球
C	副	지극히(至極-)[-그키]	极为, 非常
A	名副	지금(只今)	现在
C	副	지금껏(只今-)[-껃]	到现在为止
C	名	지급(支給)(하)	支付, 发给
C	動	지급하다(支給-)[-그파-]	支付
B	動	지나가다	经过, 过去
B	動	지나다	经过, 过去
C	動	지나치다	过分, 过度, 超过
B	形	지나치다	过分, 过度
C	名	지난날	过去
A	名	지난달	上个月
B	名	지난번(-番)	上次
A	名	지난주(-週)	上周
B	名	지난해	去年
A	動	지내다	过(日子)
C	名	지능(知能)	智力
C	動	지니다	❶具有 ❷负有
B	動	지다	输, 败

304

B 動 지다	落下
C 動 지다	背向
B 動 지다	背
C 名 지대(地帶)	地带
A 名 지도(地圖)	地图
C 名 지도(指導)(하)	指导
C 名 지도자(指導者)	领导
C 動 지도하다(指導-)	领导, 指导
C 形 지루하다	❶厌烦 ❷漫长
B 動 지르다	叫, 叫喊
C 名 지름길[-낄]	捷径, 便道
C 名 지리산(智異山)	智异山
B 名 지방(地方)	❶地区 ❷地方
C 名 지방(脂肪)	脂肪
C 動 지배하다(支配-)	❶统治 ❷支配
C 動 지불하다(支拂-)	支付, 支出
B 名 지붕	屋顶
C 動 지속되다(持續-)	持续, 继续
C 名 지속적(持續的)[-쩍]	持续的
C 名 지시(指示)(하)	指示
C 動 지시하다(指示-)	指示

C	名	지식(知識)	知识
C	名	지식인(知識人)[-시긴]	知识分子
B	名	지역(地域)	地域, 地区
A	名	지우개	橡皮
C	動	지우다	背
A	動	지우다	擦
C	動	지워지다	擦掉
C	名	지원(支援)(하)	支援
C	動	지원하다(支援-)	支援
C	名	지위(地位)	地位
C	形	지저분하다	❶乱七八糟 ❷难看
C	名	지적(指摘)(하)	指出
C	名	지적(知的)[-쩍]	理智的, 聪明的, 智慧的
C	動	지적되다(指摘-)	被指
C	動	지적하다(指摘-)	指出
B	名	지점(地點)	地点
C	名	지점(支店)	分店
C	名	지지(支持)(하)	支持
C	名	지진(地震)	地震

C	名	지출(支出)(하)	支出
B	動	지치다	❶精疲力尽
			❷厌倦
C	動	지켜보다	注视
B	動	지키다	❶守, 捍卫 ❷遵守
C	名	지폐(紙幣)	纸币, 钞票
A	名	지하(地下)	地下
B	名	지하도(地下道)	地道
A	名	지하철(地下鐵)	地铁
C	名	지혜(智慧)	智慧
C	名	직선(直線)[-썬]	直线
B	名	직업(職業)[지겁]	职业
B	名	직원(職員)[지권]	职员
B	名	직장(職場)[-짱]	工作岗位
C	名	직장인(職場人)[-짱-]	工薪族
C	名	직전(直前)[-쩐]	要…的时候, 即将…之前
B	名	직접(直接)[-쩝]	直接
B	副	직접(直接)[-쩝]	直接
C	名	직접적(直接的)[-쩝쩍]	直接的
C	名	직후(直後)[지쿠]	…之后, 马上

C 名 진급(進級)(하)	升级, 晋级
C 名 진단(診斷)(하)	诊断
C 動 진단하다(診斷-)	诊断
B 名 진달래	杜鹃花
C 名 진동(振動)(하)	振动
C 名 진로(進路)[질-]	前进的路, 前途
C 名 진료(診療)(하)[질-]	诊疗, 治疗
C 名 진리(眞理)[질-]	真理
C 名 진실(眞實)(하)	真实, 诚实
C 副 진실로(眞實-)	真实地
C 形 진실하다(眞實-)	真实
C 名 진심(眞心)	真心, 衷心
C 形 진지하다(眞摯-)	真挚
B 名 진짜(眞-)	真的
B 副 진짜(眞-)	真的
C 名 진찰(診察)(하)	诊察
B 名 진출(進出)(하)	登上, 活动, 活跃
C 動 진출하다(進出-)	登上, 活动, 投身
C 名 진통(陣痛)	阵痛
B 形 진하다(津-)	❶深 ❷浓
C 名 진행(進行)(하)	进行

B	動 진행되다(進行-)	进行
C	名 진행자(進行者)	进行者
B	動 진행하다(進行-)	进行
B	名 질(質)	❶质, 质量 ❷品质
A	名 질문(質問)(하)	询问, 提问
A	動 질문하다(質問-)	询问, 提问
C	名 질병(疾病)	疾病
B	名 질서(秩序)[-써]	秩序
C	名 질적(質的)[-쩍]	质的, 质量上的
B	名 짐	❶行李
		❷责任, 担子
C	名 짐작(斟酌)(하)	斟酌, 估计
C	動 짐작하다(斟酌-)[-자카-]	斟酌, 估计
A	名 집	❶房屋 ❷巢
B	動 집다[-따]	❶夹, 钳 ❷拾, 捡
C	名 집단(集團)[-딴]	集团
C	名 집단적(集團的)[-딴-]	集团的
B	名 집안[지반]	❶家中, 家里
		❷近亲
C	名 집안일[지반닐]	家务
C	動 집어넣다[지버너타]	塞, 放进去

B 名 집중(集中)(하)[-쯩]　集中

C 動 집중되다(集中-)[-쯩-]　集中

C 名 집중적(集中的)[-쯩-]　集中的

C 動 집중하다(集中-)[-쯩-]　集中

B 名 짓[짇]　行动, 行为

B 動 짓다[짇따]　❶做 ❷盖

B 形 짙다[짇따]　❶深, 浓 ❷茂盛

C 動 짚다[집따]　❶拄 ❷按 ❸诊(脉)

C 動 짜다　挤, 拧

A 形 짜다　咸

C 動 짜다　❶制作, 做 ❷编制

B 名 짜증　怒气

C 形 짜증스럽다[-따]　烦

C 名 짝　双, 对

A 形 짧다[짤따]　短

B 動 짧아지다[짤바-]　变短

C 動 쩔쩔매다　❶手足无措

❷唯唯诺诺

C 名 쪽　瓣儿, 块儿

B 名 쪽　页

A 名 쪽　边

C 動 쫓겨나다[쫃껴–]	被赶, 被驱
C 動 쫓기다[쫃끼–]	被赶, 被驱
C 動 쫓다[쫃따]	❶驱逐, 赶走
	❷追, 追赶
C 副 쭉	❶用力(划线)
	❷成排, 成行
A 名 찌개	汤
C 名 찌꺼기	❶渣滓, 残渣
	❷次的
B 動 찌다	发胖
C 動 찌다	蒸
B 動 찌르다	❶刺 ❷插
A 動 찍다[–따]	盖(章)
C 動 찍히다[찌키–]	盖着, 加盖
C 動 찢다[찓따]	撕破, 撕
C 動 찢어지다[찌저–]	撕破

ㅊ

C	名	차	时候
C	名	차(差)	差异, 差错
A	名	차(茶)	茶
A	名	차(車)	车
B	形	차갑다[-따]	❶凉 ❷冷淡
B	名	차남(次男)	次子
B	動	차다	踢
B	形	차다	冷, 凉
C	動	차다	满, 充满
C	動	차다	佩戴
C	副	차라리	宁肯, 倒不如
C	名	차량(車輛)	车辆
B	名	차례(次例)	❶次序 ❷次, 场
B	動	차리다	❶准备, 摆 ❷开设
C	名	차림	穿戴, 装束
C	副	차마	忍心
C	名	차별(差別)(하)	差别
C	名	차선(車線)	车道划分线
B	名	차이(差異)	差异

C	名	차이점(差異點)[-쩜]	差异
C	副	차차(次次)	❶渐渐
			❷以后慢慢地
C	名	차창(車窓)	车窗
C	副	차츰	渐渐
C	名	착각(錯覺)[-깍]	错觉
C	動	착각하다(錯覺-)[-까카-]	产生错觉
B	形	착하다[차카-]	善良
B	名	찬물	凉水
C	名	찬성(贊成)(하)	赞成
C	動	찬성하다(贊成-)	赞成
A	副	참	真正
B	感	참	真是
C	名	참	❶时候 ❷打算
C	名	참가(參加)(하)	参加
B	動	참가하다(參加-)	参加
C	動	참고하다(參考-)	参考
B	名	참기름	香油
B	動	참다[-따]	忍耐, 忍受
C	形	참되다	真正
C	名	참새	麻雀

ㅊ

C 名 참석(參席)(하)	出席, 参加
C 名 참석자(參席者)	出席人员
B 動 참석하다(參席-)[-서카-]	出席, 参加
C 名 참여(參與)(하)[차며]	参与
C 動 참여하다(參與-)[차며-]	参与
C 名 참외[차뫼]	香瓜
C 副 참으로[차므-]	真的
C 名 참조(參照)(하)	参照
B 名 찻잔(茶盞)[찯짠]	茶杯
C 名 창(窓)	窗户
C 名 창가(窓-)[-까]	窗边
B 名 창고(倉庫)[-꼬]	仓库
C 名 창구(窓口)	窗口
A 名 창문(窓門)	窗户
B 名 창밖(窓-)[-박]	窗外
C 名 창작(創作)(하)	创作
C 名 창조(創造)(하)	创造
C 名 창조적(創造的)	创造性
C 動 창조하다(創造-)	创造
C 形 창피하다(猖披-)	丢脸, 寒碜
A 動 찾다[찯따]	❶寻找, 查找

❷取

B 動 찾아가다[차자-] 访问

B 動 찾아내다[차자-] 找到

C 動 찾아다니다[차자-] 到处寻找

B 動 찾아보다[차자-] 寻找, 查找

B 動 찾아오다[차자-] 寻访, 登门拜访

C 名 채 着(表示保持原状态)

C 名 채 幢, 辆

C 副 채 尚, 还

B 名 채널(channel) 频道

B 名 채소(菜蔬) 蔬菜

B 動 채우다 ❶锁 ❷扣(纽扣)

C 名 채점(採點) 打分, 评分

A 名 책(册) ❶书, 书籍 ❷册

B 名 책가방(册-)[-까-] 书包

B 名 책방(册房)[-빵] 书店, 书斋

A 名 책상(册床)[-쌍] 写字台, 书桌

B 名 책임(責任)[채김] 责任

C 名 책임감(責任感)[채김-] 责任感

B 名 책임자(責任者)[채김-] 负责人

C 動 책임지다[채김-] 负责

B	名 챔피언(champion)	冠军, 优胜者
B	動 챙기다	❶准备好
		❷摆(饭桌)
C	名 처녀(處女)	❶姑娘 ❷首次
C	名 처리(處理)(하)	处理, 办理
C	名 처벌(處罰)(하)	处罚
A	名 처음(初次)	开头, 第一次
C	名 처지(處地)	处境
C	名 척	装作, 像是
C	名 척(隻)	艘, 只
C	補 척하다[처카–]	装作
C	名 천	布
A	數 천(千)	千
A	冠 천(千)	一千
C	名 천국(天國)	天国, 天堂
C	名 천둥	雷鸣
C	名 천장(天障)	天花板
C	名 천재(天才)	天才
A	副 천천히	慢慢地
B	名 철	季节
C	名 철	事理

C 名철(鐵)　铁

C 名철도(鐵道)[-또]　铁道, 铁路

C 形철저하다(徹底-)[-쩌-]　彻底, 完全

C 副철저히(徹底-)[-쩌-]　彻底地, 完全地

C 名철학(哲學)　哲学

C 名철학자(哲學者)[-짜]　哲学家

C 名철학적(哲學的)[-쩍]　哲学的

B 冠첫[천]　第一次

B 名첫날[천-]　第一天

A 冠첫째[천-]　第一

B 名청년(青年)　青年

A 名청바지(青-)　牛仔裤

A 名청소(清掃)(하)　打扫

B 名청소기(清掃機)　吸尘器

B 名청소년(青少年)　青少年

A 動청소하다(清掃-)　打扫

C 名청춘(青春)　青春

C 動청하다(請-)　❶要, 要求

❷请, 邀请

C 名체계적(體系的)[-게-]　具备体系的, 有系统的

C 名체력(體力)　体力

C 名체온(體溫)　体温

B 名체육(體育)　体育

C 名체육관(體育館)[-꽌]　体育馆

C 名체조(體操)(하)　体操

B 名체중(體重)　体重

C 補체하다　装作

C 名체험(體驗)(하)　体验

C 動체험하다(體驗-)　体验, 体会

B 動쳐다보다　❶仰望 ❷瞻仰

B 名초(初)　初

B 名초(秒)　秒

C 名초기(初期)　初期

C 名초대(初代)　❶第一代

❷第一任

A 名초대(招待)(하)　招待

A 動초대하다(招待-)　招待

A 名초등학교(初等學校)[-꾜]　小学

C 名초등학생(初等學生)[-쌩]　小学生

B 名초록색(草綠色)[-쌕]　绿色

C 名초반(初盤)　初, 初期

B	名 초밥(醋-)	寿司
B	名 초보(初步)	初步
B	名 초보자(初步者)	生手, 新手
C	名 초상화(肖像畵)	肖像画
C	名 초순(初旬)	初旬
C	名 초여름(初-)	初夏
C	名 초원(草原)	草原
C	名 초저녁(初-)	傍晚, 黄昏
C	名 초점(焦點)[-쩜]	焦点
C	形 초조하다(焦燥-)	焦躁, 焦急
C	名 초청(招請)(하)	聘请, 邀请
B	名 초청장(招請狀)[-짱]	邀请函
C	動 초청하다(招請-)	聘请, 邀请
A	名 초콜릿(chocolate)[-릳]	巧克力
C	形 촌스럽다(村-)[-쓰-따]	老土, 土里土气
C	名 촛불[촏뿔]	烛火, 烛光
C	冠 총(總)	总
C	名 총(銃)	枪
C	名 총각(總角)	小伙子, 未婚男子
C	名 총리(總理)[-니]	总理
B	名 총장(總長)	❶总长 ❷校长

B 名 촬영(撮影)(하)[-령]	摄影
B 名 최고(最高)	最高, 最好
C 名 최고급(最高級)	最高级
B 名 최근(最近)	最近
B 名 최대(最大)	最大
C 名 최대한(最大限)	最大限度
C 名 최상(最上)	最高
B 名 최선(最善)	❶最好 ❷全力
C 名 최소(最小)	最小
B 名 최소한(最小限)	最小限度
C 名 최신(最新)	最新
C 名 최악(最惡)	最坏
C 名 최저(最低)	最低
C 名 최종(最終)	最终, 最后
B 名 최초(最初)	最初
C 名 최후(最後)	❶最后 ❷临终
C 名 추가(追加)(하)	追加, 添补
C 動 추가되다(追加-)	补加, 添补
C 動 추가하다(追加-)	追加, 添补
A 動 추다	跳(舞)
C 名 추석(秋夕)	中秋

B	名	추억(追憶)(하)	回忆, 回想
B	名	추위	寒冷
C	名	추진(推進)(하)	推进
C	動	추진하다(推進−)	推进
C	名	추천(推薦)(하)	推荐
C	動	추천하다(推薦−)	推荐
C	名	추측(推測)(하)	推测
A	名	축구(蹴球)(하)[−꾸]	足球
B	名	축구공(蹴球−)[−꾸−]	足球
C	名	축구장(蹴球場)[−꾸−]	足球场
C	名	축소(縮小)(하)[−쏘]	缩小
B	名	축제(祝祭)[−쩨]	庆典
B	名	축하(祝賀)(하)[추카]	祝贺, 庆贺
A	動	축하하다(祝賀−)	祝贺, 恭喜
B	名	출구(出口)	出口
C	名	출국(出國)(하)	出国
B	名	출근(出勤)(하)	上班
B	動	출근하다(出勤−)	上班
B	名	출발(出發)(하)	出发
C	名	출발점(出發點)[−쩜]	出发点
A	動	출발하다(出發−)	出发

C 名출산(出産)(하)[-싼]　　生产, 分娩

C 動출석하다(出席-)[-써카-]　　出席

C 名출신(出身)[-씬]　　出身

C 名출연(出演)(하)[추련]　　❶演出 ❷上台

B 動출연하다(出演-)[추련-]　　❶演出 ❷上台

B 名출입(出入)(하)[추립]　　❶出入

❷外出, 出去

C 名출입국(出入國)[추립꾹]　　出入境

B 名출입문(出入門)[추림-]　　出入门

B 名출장(出張)(하)[-짱]　　出差

C 名출퇴근(出退勤)　　上下班

C 名출판(出版)(하)　　出版

C 名출판사(出版社)　　出版社

C 動출현하다(出現-)　　出现

A 名춤　　舞蹈

A 動춤추다　　跳舞

A 形춥다[-따]　　冷

B 名충격(衝擊)　　❶冲击, 冲撞

❷振动, 打击

C 名충격적(衝擊的)[-쩍]　　感染力,

激动人心的

C	名 충고(忠告)(하)	忠告
C	名 충돌(衝突)(하)	❶碰撞 ❷冲突
C	動 충돌하다(衝突−)	❶碰撞 ❷冲突
B	形 충분하다(充分−)	充分
B	副 충분히(充分−)	充分地
B	名 충청도(忠淸道)	忠淸道
A	名 취미(趣味)	兴趣, 爱好
B	名 취소(取消)(하)	取消, 废除
B	動 취소하다(取消−)	取消, 废除
C	名 취업(就業)(하)	就业
C	名 취재(取材)(하)	取材, 采访
B	名 취직(就職)(하)	就业
B	動 취하다(取−)	❶取, 采取 ❷挑, 选择
B	動 취하다(醉−)	❶醉, 陶醉 ❷熏得发晕
C	名 취향(趣向)	喜好, 趣向
A	名 층(層)	层
B	名 치과(齒科)[−꽈]	牙科
A	動 치다	打(人), 弹(乐器), 玩(牌)

C 動 치다　　　刮, 狂卷

C 動 치다　　　❶估计, 算

　　　　　　　❷算是

C 動 치다　　　撒, 撒开

B 名 치료(治療)(하)　　治疗

C 名 치료법(治療法)　　治疗法

B 動 치료하다(治療–)　　治疗

C 動 치르다　　　❶支付 ❷考

A 名 치마　　　裙子

C 名 치아(齒牙)　　牙齿

A 名 치약(齒藥)　　牙膏

B 動 치우다　　　❶收拾, 拾掇

　　　　　　　❷吃掉

C 補 치우다　　　表示'最终完成'的

　　　　　　　意思

B 名 치즈(cheese)　　干酪, 乳酪

A 名 친구(親舊)　　朋友

B 名 친절(親切)(하)　　亲切

A 形 친절하다(親切–)　　亲切, 和气

C 名 친정(親庭)　　娘家

B 名 친척(親戚)　　亲戚

B	形 친하다(親-)	亲近, 亲密
C	動 친해지다(親-)	变亲密, 走近
A	數 칠(七)	七
A	數 칠십(七十)[-씹]	七十
A	名 칠월(七月)[치뤌]	七月
A	名 칠판(漆板)	黑板
C	動 칠하다(漆-)	❶漆 ❷涂抹
C	名 침	唾沫
A	名 침대(寢臺)	床
C	名 침묵(沈默)(하)	沉默
B	名 침실(寢室)	寝室
C	形 침착하다(沈着-)[-차카-]	沉着
A	名 칫솔(齒-)[칟쏠]	牙刷
B	名 칭찬(稱讚)(하)	称赞
C	動 칭찬하다(稱讚-)	称赞, 表扬, 赞扬

ㅊ

A 名 카드(card) ❶卡片 ❷贺卡

B 名 카레(curry) 咖喱

A 名 카메라(camera) ❶照相机

❷摄影机

B 名 카운터 收款台, 收银台

B 名 카페(프 cafe) 咖啡厅

C 名 칸 间, 房间

A 名 칼 刀子

C 名 칼국수[-쑤] 刀切面

C 形 캄캄하다 ❶漆黑

❷一无所知

❸渺茫

A 名 캐나다(Canada) 加拿大

C 名 캐릭터(character) ❶人物 ❷性格

B 名 캠퍼스(campus) 大学校园

C 名 캠페인(campaign) 运动, 游说

B 形 커다랗다[-라타] ❶大 ❷重大, 巨大

B 動 커지다 增大, 变大

B 名 커튼(curtain) 窗帘, 帘子

A 名 커피(coffee)	咖啡
C 名 컨디션(condition)	条件, 情形, 状态
C 名 컬러(color)	颜色
A 名 컴퓨터(computer)	电脑
A 名 컵(cup)	杯子
C 名 케첩(ketchup)	番茄酱
A 動 켜다	开(灯)
B 動 켜지다	(灯)亮起来
A 名 코	鼻子
C 名 코끝[-끋]	鼻尖
B 名 코끼리	大象
B 名 코너(corner)	角落, 拐角处
C 名 코드(code)	电线
C 名 코미디(comedy)	喜剧
C 名 코스(course)	❶路线
	❷过程, 进程
	❸跑道
C 名 코스모스(cosmos)	大波斯菊
C 名 코치(coach)	❶教练, 教导
	❷教练员
C 名 코트(court)	(网球, 排球等的)

ㅋ

球场, 场地

B 名코피　　鼻血

B 名콘서트(concert)　　音乐会, 演奏会

A 名콜라(cola)　　可乐

B 名콤플렉스(complex)　　情节, 情综

B 名콩　　大豆, 黄豆

B 名콩나물　　黄豆芽

C 名쾌감(快感)　　❶愉快 ❷快感

C 名쿠데타　　政变

B 名크기　　大小

A 動크다　　长大

A 形크다　　大

A 名크리스마스(Christmas)　　圣诞节

C 名크림(cream)　　❶奶油 ❷护肤霜

B 名큰길　　公路, 马路

C 名큰딸　　大女儿

B 名큰소리　　大声

C 名큰아들[크나-]　　大儿子

C 名큰아버지[크나-]　　伯父

C 名큰어머니[크너-]　　伯母

B 名큰일[-닐]　　大事

C	名 큰절	叩头
C	名 클래식(classic)	❶ 古典
		❷ 古典的, 经典的
C	名 클럽(club)	俱乐部
A	名 키	个子
C	名 키스(kiss)(하)	接吻, 亲嘴
B	動 키우다	养育, 培育
B	名 킬로(kilo)	千, 公
B	名 킬로그램(kilogram)	公斤
B	名 킬로미터(kilometer)	公里

ㅋ

C 動 타고나다　　天生, 先天

C 動 타다　　对, 加

C 動 타다　　❶燃烧 ❷焦急

❸(晒)黑

C 動 타다　　❶领(工资) ❷得到

A 動 타다　　❶骑, 乘, 坐

❷滑冰

C 名 타락(墮落)(하)　　堕落

C 動 타오르다　　❶燃烧 ❷焦灼

C 名 타입(type)　　❶姿态, 式样

❷类型

C 名 타자기(打字機)　　打字机

C 副 탁　　❶豁然

❷突然, 猛然

❸呸

C 名 탁구(卓球)[-꾸]　　乒乓球

C 形 탁월하다(卓越-)[타궐-]　　卓越

C 名 탁자(卓子)[-짜]　　桌子

C 名 탄생(誕生)(하)　　诞生

C 動	탄생하다(誕生-)	诞生
C 動	탈출하다(脫出-)	逃出, 逃逸, 逃脱
B 名	탑(塔)	塔
C 名	탓[탇]	(产生负面现象的)原因
A 名	태권도(跆拳道)[-꿘-]	跆拳道
B 名	태도(態度)	态度
C 名	태아(胎兒)	胎儿
B 名	태양(太陽)	太阳
A 動	태어나다	出生
B 動	태우다	搭客
B 動	태우다	焚烧
B 名	태풍(颱風)	台风
A 名	택시(taxi)	出租汽车
C 動	택하다(擇-)[태카-]	选择, 挑选
B 名	탤런트(talent)	(电视)演员
C 名	터	❶地基 ❷场所
B 名	터	打算
B 名	터널(tunnel)	山洞, 隧道
B 動	터뜨리다	弄破
B 名	터미널(terminal)	客运中心, 车站

C	動	터지다	❶裂 ❷破 ❸暴露
C	名	턱	理由, 原因
B	名	턱	下巴
B	名	털	毛
B	動	털다	❶抖搂 ❷倾(囊)
C	副	텅	空荡荡
A	名	테니스(tennis)	网球
C	名	테러(terror)(하)	恐怖
B	名	테스트(test)(하)	❶试验, 检查 ❷考试
A	名	테이블(table)	桌子
B	名	테이프(tape)	❶彩带 ❷胶布
C	名	텍스트(text)	文, 译文
A	名	텔레비전(television)	电视机
B	名	토끼	兔子
C	名	토대(土臺)	❶地基 ❷基础
B	名	토론(討論)(하)	讨论
C	名	토론자(討論者)	讨论者
C	動	토론하다(討論-)	讨论
C	名	토론회(討論會)	讨论会
B	名	토마토(tomato)	西红柿

A	名 토요일(土曜日)	星期六
C	動 토하다(吐-)	吐
B	名 톤(ton)	吨
B	名 통(桶)	桶, 槽
B	名 통(通)	封
C	名 통계(統計)(하)[-게]	统计
C	名 통과(通過)(하)	通过
C	動 통과하다(通過-)	通过
C	名 통로(通路)[-노]	通路
B	名 통신(通信)(하)	通信
C	名 통역(通譯)(하)	翻译(口译)
B	名 통일(統一)(하)	统一
C	動 통일하다(統一)	统一
B	名 통장(通帳)	存折
C	名 통제(統制)(하)	控制, 统一管理
C	名 통증(痛症)[-쯩]	疼痛
B	動 통하다(通-)	❶通 ❷通往
C	名 통합(統合)(하)	合并, 结合
C	名 통화(通貨)	通货, 货币
C	名 통화(通話)(하)	通话
B	名 퇴근(退勤)(하)	下班

B	動 퇴근하다(退勤-)	下班
C	名 퇴원(退院)(하)	出院
C	動 퇴원하다(退院)	出院
C	名 퇴직금(退職金)[-끔]	退职金, 退休金
C	形 투명하다(透明-)	透明
C	名 투자(投資)(하)	投资
C	名 투표(投票)(하)	投票
C	動 튀기다	溅
C	名 튀김	油炸的食物
C	動 튀다	❶裂开 ❷溅 ❸逃跑
C	動 튀어나오다	❶突出, 隆起 ❷进出
C	名 트럭(truck)	卡车
C	動 트이다	开朗
C	名 특급(特級)[-끕]	特级
B	名 특별(特別)(하)[-뼐]	❶特别 ❷卓越, 高明
B	形 특별하다(特別-)[-뼐-]	❶特别 ❷卓越, 高明
B	副 특별히(特別-)[-뼐-]	特别

C	名 특성(特性)[-썽]	特性
C	名 특수(特殊)(하)[-쑤]	特殊
C	名 특수성(特殊性)[-쑤썽]	特殊性
C	形 특이하다(特異-)[트기-]	特异, 特殊
C	形 특정하다(特定-)[-쩡-]	特定
B	名 특징(特徵)[-찡]	特征
B	副 특히(特-)[트키]	特别
B	形 튼튼하다	❶结识, 坚硬 ❷坚强, 牢固
C	副 튼튼히	健壮地, 结实地
C	名 틀	框, 架
B	動 틀다	扭, 拧
B	動 틀리다	❶不对, 错 ❷关系坏
B	形 틀림없다[-리멉따]	准, 没错
C	副 틀림없이[-리멉시]	准, 肯定
C	名 틈	❶缝隙 ❷空闲 ❸中间
A	名 티브이(TV)	电视机
B	名 티셔츠(T-shirts)	T恤衫
A	名 팀(team)	队, 组

ㅍ

B 名파 　葱

C 動파괴하다(破壞-) 　破坏

C 動파다 　挖, 掘

B 名파도(波濤) 　波浪, 波涛

A 名파란색(-色) 　蓝色

B 形파랗다[-라타] 　蓝

B 名파리 　苍蝇

B 名파리(Paris) 　巴黎

C 動파악하다[-아카-] 　认识, 掌握

B 名파일(file) 　文件, 档案

C 名파출소(派出所)[-쏘] 　派出所

A 名파티(party)(하) 　晚会

C 名판 　局面, 场面

C 名판 　局

C 名판(板) 　盘

C 名판(版) 　版

C 名판결(判決)(하) 　❶判断 ❷判决

B 名판단(判斷)(하) 　判断

C 動판단하다(判斷-) 　判断

B	名 판매(販賣)(하)	销售
C	動 판매되다(販賣-)	销售
B	動 판매하다(販賣-)	销售
C	名 판사(判事)	审判员
A	名 팔	胳膊
A	數 팔(八)	八
A	動 팔다	❶卖, 出售
		❷不集中
B	動 팔리다	被卖
A	數 팔십(八十)[-씹]	八十
A	名 팔월(八月)[파뤌]	八月
C	名 팝송(pop song)	(西方的)流行歌曲
B	名 패션(fashion)	时装
B	名 팩(pack)	❶营养面膜
		❷包装盒
C	名 팩스(fax)	传真
C	名 팩시밀리(facsimile)	传真
B	名 팬(fan)	发烧友, 迷
B	名 팬(pan)	平底锅
B	名 팬티(panties)	内裤
A	名 퍼센트(percent)	百分比, 百分率

C 動 퍼지다　❶伸展 ❷蔓延 ❸传开

C 副 퍽　颇为

C 名 페인트(paint)　油漆, 颜料

C 動 펴내다　发行

B 動 펴다　❶打开, 翻开 ❷弄直 ❸铺

C 名 편(便)　交通手段

C 名 편　派, 方向

B 名 편(篇)　篇, 首

C 名 편견(偏見)　偏见

B 形 편리하다(便利-)[펼-]　方便, 便利

B 形 편안하다(便安-)[펴난-]　舒服, 舒适

C 名 편의(便宜)[펴니]　方便, 便利

C 名 편의점(便宜店)[펴니-]　便利店

A 名 편지(便紙)(하)　信, 书信

B 形 편하다(便-)　❶方便, 便利 ❷舒服

B 副 편히(便-)　舒服地

B 動 펼쳐지다　展现

C 名 평(坪)　❶坪 ❷六立方尺

C	名	평(評)	评论
C	名	평가(評價)(하)[-까]	评价
C	動	평가되다(評價-)[-까-]	被评价
C	動	평가하다(評價-)[-까-]	评价
C	名	평균(平均)(하)	平均
B	形	평범하다(平凡-)	平凡, 普通
C	名	평상시(平常時)	平时
B	名	평생(平生)	平生, 一辈子
B	名	평소(平素)	平常, 平素
C	名	평양(平壤)	平壤
B	名	평일(平日)	平日
B	名	평화(平和)(하)	和平
C	形	평화롭다(平和-)[-따]	和平
C	名	폐지(廢止)(하)[폐-]	废除
C	形	포근하다	❶柔软 ❷温暖
B	動	포기하다(抛棄-)	放弃
A	名	포도(葡萄)	葡萄
B	名	포도주(葡萄酒)	葡萄酒
B	名	포스터(poster)	宣传画, 海报
C	名	포인트(point)	❶得分 ❷要点
B	名	포장(包裝)(하)	包装

C	名 포장마차(布帳馬車)	帐篷式大排挡
C	名 포크(fork)	叉子
C	名 포함(包含)(하)	包含
B	動 포함되다(包含-)	被包含
B	動 포함하다(包含-)	包含
B	名 폭(幅)	幅, 宽度
C	形 폭넓다(幅-)[퐁널따]	广泛
C	名 폭력(暴力)[퐁녁]	暴力
A	名 표(票)	票
C	名 표(表)	表
C	名 표면(表面)	表面
C	名 표시(標示)(하)	标示
C	名 표시(表示)(하)	表示
C	動 표시하다(標示-)	标示
B	動 표시하다(表示-)	表示
B	名 표정(表情)	表情
C	名 표준(標準)	标准
B	名 표현(表現)(하)	表现, 表达
C	動 표현되다(表現-)	表现
B	動 표현하다(表現-)	表现
C	動 푸다	舀, 盛

B	形 푸르다	绿, 蓝, 青
B	副 푹	❶严实
		❷低低地(戴帽子)
		❸透, 熟
B	名 풀	草
B	名 풀	浆糊
B	動 풀다	❶解开 ❷解(恨)
B	動 풀리다	❶暖和起来
		❷解冻
		❸释放
C	動 풀어지다[푸러–]	'풀다'的使动形, 解开, 消除
C	名 품	❶胸围 ❷胸怀
C	動 품다[–따]	❶抱 ❷孵 ❸怀着
C	名 품목(品目)	物品单
C	名 품질(品質)	质量
B	名 풍경(風景)	风景, 景致
C	形 풍부하다(豊富–)	丰富
C	名 풍속(風俗)	风俗
C	名 풍습(風習)	风俗习惯
A	名 프랑스(France)	法国

ㅍ

B	名 프로(professional)	专业人员
B	名 프로(program)	节目
B	名 프로그램(program)	节目, 程序
C	名 프린터(printer)	打印机
B	名 플라스틱(plastic)	塑胶, 塑料
B	名 피	血
C	名 피곤(疲困)(하)	疲劳, 疲倦
A	形 피곤하다(疲困-)	疲倦, 累
B	動 피다	开
C	名 피디(PD)	节目总监, 制片人
B	名 피로(疲勞)(하)	疲劳, 疲倦
B	形 피로하다(疲勞-)	疲劳, 疲倦
C	名 피망(프piment)	青椒
B	名 피부(皮膚)	皮肤
B	名 피시(PC)	个人计算机
A	名 피아노(piano)	钢琴
A	動 피우다	抽, 吸
A	名 피자(pizza)	比萨饼
C	動 피하다(避-)	躲避, 躲藏, 回避
C	名 피해(被害)	被害, 遇害, 受灾
C	名 피해자(被害者)	被害人

B 名 필름(film) | ① 胶片
② 影片, 电影

C 名 필수(必須)[-쑤] | 必要, 必须
C 名 필수적(必須的)[-쑤-] | 必须的
C 名 필연적(必然的)[피련-] | 必然的
A 名 필요(必要)(하)[피료] | 必要, 需要
C 名 필요성(必要性)[피료-] | 必要性
A 形 필요하다(必要-)[피료-] | 必要, 需要
C 名 필자(筆者)[-짜] | 作者
B 名 필통(筆筒) | 笔筒, 笔盒
C 名 핑계[-게] | 借口

C	名	하	下
C	副	하긴	说实在的
A	數	하나	一
A	名	하나	一个
C	名	하나님	上帝
C	副	하나하나	一一地
C	名	하나하나	一个一个, 一件一件
C	名	하느님	上帝, 老天爷
A	名	하늘	天, 天空
A	動	하다	做, 办, 作
A	補	하다	❶表示意图, 欲望 ❷要是~就好了
C	副	하도	太
C	名	하드웨어(hardware)	硬件
B	名	하루	一天
C	名	하룻밤[-룯빰]	一晚
C	名	하반기(下半期)	下半年
B	名	하숙집(下宿-)[-찝]	寄宿房

344

C	名 하순(下旬)	下旬
B	名 하얀색(-色)	白色
B	形 하얗다[-야타]	白
B	副 하여튼(何如-)	无论如何
A	副 하지만	可是
C	名 하천(河川)	河川
B	名 하품(하)	呵欠
C	副 하필(何必)	何必
B	副 하하	哈哈
C	名 학과(學科)[-꽈]	❶专业 ❷课程
A	名 학교(學校)[-꾜]	学校
C	名 학교생활(學校生活)[-꾜-]	学校生活
C	名 학급(學級)[-끕]	班级
B	名 학기(學期)[-끼]	学期
A	名 학년(學年)[항-]	年级
C	名 학력(學歷)[항녁]	学历
C	名 학번(學番)[-뻔]	学号
C	名 학부모(學父母)[-뿌-]	家长
C	名 학비(學費)[-삐]	学费
A	名 학생(學生)[-쌩]	学生
B	名 학생증(學生證)[-쌩쯩]	学生证

C 名 학술(學術)[-쑬]　　学术

B 名 학습(學習)(하)[-씁]　　学习

C 名 학용품(學用品)[하 공-]　　学习用品, 文具

B 名 학원(學院)[하권]　　学院, 培训班

C 名 학위(學位)[하귀]　　学位

C 名 학자(學者)[-짜]　　学者

C 名 학점(學點)[-쩜]　　学分

A 冠 한　　❶一 ❷大约, 大概

C 名 한(恨)　　怨恨

C 名 한(限)　　❶限制, 期限

❷只要

C 名 한가운데　　正中, 中间

C 形 한가하다(閑暇-)　　闲暇, 空闲

A 名 한강(漢江)　　汉江

C 名 한겨울　　严冬

C 副 한결　　更加, 更进一步地

C 名 한계(限界)　　界限

C 名 한구석　　❶角落

❷偏僻之处

A 名 한국(韓國)　　韩国

A 名 한국말(韓國-)[-궁-]　　韩国话

346

A	名 한국어(韓國語)[-구거]	韩国语
B	名 한국적(韓國的)[-쩍]	韩国的
A	名 한글	韩文
C	名 한글날[-랄]	韩文日
B	副 한꺼번에[-버네]	一下子, 一起
C	名 한낮[-낟]	❶ 正午 ❷ 白昼
C	名 한눈	东张西望
C	副 한데	一个地方, 一起
B	名 한동안	一度, 一个时期
B	冠 한두	一两个
B	數 한둘	一两个
C	名 한때	❶ 同时 ❷ 一度, 一个时期
B	名 한라산(漢拏山)[할-]	汉拿山
C	名 한마디(하)	一句话
C	名 한문(漢文)	汉文, 文言文
C	名 한반도(韓半島)	韩半岛
C	名 한밤중(-中)[-쭝]	半夜, 深夜
A	名 한번(-番)	一次
A	名 한복(韓服)	韩服
C	名 한순간(-瞬間)	一瞬间

ㅎ

B	名 한숨	叹气, 叹息
C	名 한식(韓食)	韩国料理
C	名 한여름[-녀-]	盛夏
A	名 한자(漢字)[-짜]	汉字
B	名 한잔(-盞)	一盏, 一小杯
B	動 한잔하다(-盞-)	喝一杯
C	動 한정되다(限定-)	被限定
C	動 한정하다(限定-)	限定
B	名 한쪽	一边
B	名 한참	好一会儿
C	副 한창	最
C	副 한층(-層)	进一步
B	副 한편(-便)	一边
B	名 한편(-便)	❶一边
		❷另一方面
C	名 한평생(-平生)	一辈子, 一生
C	動 한하다(限-)	限于
A	名 할머니	奶奶, 老大娘
A	名 할아버지[하라-]	老爷, 老大爷
B	名 할인(割引)(하)[하린]	折扣
A	副 함께	一起, 一块儿

C 動 함께하다	陪同, 一起
B 副 함부로	随便, 胡乱
B 名 합격(合格)(하)[-껵]	合格
C 動 합격하다[-껴카-]	合格
C 名 합리적(合理的)[함니-]	合理的
B 動 합치다(合-)	合, 合并
C 動 합하다(合-)[하파-]	合, 合并
C 名 항공(航空)	航空
C 名 항공기(航空機)	飞机,飞船, 滑翔机等的总称
C 名 항구(港口)	港口
A 副 항상(恒常)	常常, 经常
C 名 항의(抗議)(하)[-이]	抗议
A 名 해	太阳
A 名 해	年
C 名 해(害)(하)	害
B 名 해결(解決)(하)	解决
C 動 해결되다(解決-)	解决
B 動 해결하다(解決-)	解决
C 名 해군(海軍)	海军
C 動 해내다	担当, 搞出来

ㅎ

C	名	해답(解答)(하)	解答
C	名	해당(該當)(하)	❶有关 ❷相当于
C	動	해당되다(該當-)	相当
C	動	해당하다(該當-)	相当
C	形	해롭다(害-)[-따]	有害
B	副	해마다	每年, 年年
C	名	해물(海物)	海产品
C	名	해석(解析)(하)	解析
B	名	해석(解釋)(하)	解释
C	動	해석하다[-서카-]	解释
C	名	해설(解說)(하)	解说
C	名	해소(解消)(하)	解除
C	動	해소하다(解消-)	解除
C	名	해수욕장(海水浴場)[-짱]	海水浴场
C	名	해안(海岸)	海岸
B	名	해외(海外)	海外
B	名	해외여행(海外旅行)	海外旅行
C	名	핵(核)	核, 原子核
C	名	핵심(核心)[-씸]	❶核心, 内核 ❷骨干
C	名	핸드백(handbag)	手提包

A	名 핸드폰(hand phone)	手机
C	名 햄(ham)	火腿
A	名 햄버거(hamburger)	汉堡包
B	名 햇볕[핻뼏]	阳光
B	名 햇빛[핻삗]	阳光
B	名 햇살[핻쌀]	阳光
B	名 행동(行動)(하)	行动
B	動 행동하다(行動-)	行动
B	名 행복(幸福)(하)	幸福
B	形 행복하다[-보카-]	幸福
B	名 행사(行事)(하)	活动
C	名 행사(行使)(하)	行使
C	名 행운(幸運)	幸运
C	名 행위(行爲)	行为
C	動 행하다(行-)	行
C	動 행해지다(行-)	进行
C	名 향(香)	香
B	名 향기(香氣)	香味
C	名 향상(向上)(하)	提高
C	動 향상되다(向上-)	得到提高
B	名 향수(香水)	香水

B	動	향하다(向-)	面向, 向
C	名	허가(許可)(하)	许可, 准许
C	名	허락(許諾)(하)	许可, 允许, 答应
C	動	허락하다(許諾-)[-라카-]	许可, 允许, 答应
A	名	허리	腰
C	名	허용(許容)(하)	容许
C	動	허용되다(許容-)	被容许
B	動	허용하다(許容-)	容许
C	副	허허	呵呵
B	冠	헌	旧
C	動	헤매다	❶徘徊, 犹豫不定 ❷挣扎
C	動	헤아리다	❶数 ❷猜测
B	動	헤어지다	❶散, 散开 ❷分离
C	名	헬기(helicopter機)	直升机
B	名	혀	舌头
C	冠	현(現)	现, 目前
B	名	현관(玄關)	门廊
C	名	현관문(玄關門)	前门
B	名	현금(現金)	现金
B	名	현대(現代)	现代

C	名 현대인(現代人)	现代人
C	名 현대적(現代的)	现代的
C	名 현상(現象)	现象
C	名 현실(現實)	现实
C	名 현실적(現實的)[-쩍]	现实的
C	名 현장(現場)	现场
B	名副 현재(現在)	现在
B	名 현지(現地)	当地, 本土
C	名 혈액(血液)[혀랙]	血液
C	名 협력(協力)(하)[혐녁]	协作
A	名 형(兄)	哥哥
C	名 형(型)	型
B	名 형님(兄-)	哥哥
B	名 형부(兄夫)	姐夫
C	名 형사(刑事)	刑事
C	名 형성(形成)(하)	形成
C	動 형성되다(形成-)	形成
C	動 형성하다(形成-)	形成
C	名 형수(兄嫂)	嫂嫂
C	名 형식(形式)	形式
C	名 형식적(形式的)[-쩍]	形式上

ㅎ

B	名 형제(兄弟)	兄弟
C	名 형태(形態)	❶形状, 样子
		❷结构
C	名 형편(形便)	❶情形, 情况
		❷生活情况
C	名 혜택(惠澤)[혜-]	恩惠
A	名 호(號)	号(量词)
C	名 호기심(好奇心)	好奇心
C	名 호남(湖南)	湖南
B	名 호랑이(虎狼-)	老虎
C	名 호박	南瓜
B	名 호선(號線)	~号线
B	名 호수(湖水)	湖水
C	名 호실(號室)	~号房间
A	名 호주(濠洲)	澳大利亚
C	名 호주머니(胡-)	口袋
A	名 호텔(hotel)	酒店, 饭店
C	名 호흡(呼吸)(하)	呼吸
C	副 혹시(或是)[-씨]	间或, 有时候
B	副 혹은(或-)[호근]	或者
C	動 혼나다(魂-)	❶吓死 ❷要命

③ (狠狠地)挨顿批
评

A	名 혼자	独白, 单独
C	名 혼잣말[-잔-]	自言自语
C	副 홀로	单独, 一个人
B	名 홈페이지(homepage)	主页
C	名 홍보(弘報)(하)	宣传
C	名 홍수(洪水)	洪水
B	名 홍차(紅茶)	红茶
A	名 화(火)	脾气
B	名 화가(畫家)	画家
B	動 화나다(火-)	生气, 冒火
B	形 화려하다(華麗-)	华丽
C	名 화면(畫面)	画面
B	名 화분(花盆)	花盆
C	名 화살	箭矢, 箭头
A	名 화요일(火曜日)	星期二
C	名 화장(化粧)(하)	化妆
A	名 화장실(化粧室)	洗手间
C	名 화장지(化粧紙)	手纸, 卫生纸
B	名 화장품(化粧品)	化妆品

ㅎ

C	名 화재(火災)	火灾
C	名 화제(話題)	话题
C	名 화학(化學)	化学
C	副 확	❶ 呼地一下
		❷ 一下子
B	動 확대되다(擴大-)[-때-]	被扩大
B	動 확대하다(擴大-)[-때-]	扩大
C	動 확립하다(確立-)[황니파-]	确立, 树立
C	名 확보(確保)(하)[-뽀]	确保, 切实保证
C	動 확산되다(擴散-)[-싼-]	扩散
C	名 확신(確信)(하)[-씬]	确信, 坚信
C	動 확신하다(確信-)[-씬-]	确信
B	形 확실하다(確實-)[-씰-]	确实
B	副 확실히(確實-)[-씰-]	确切地
B	名 확인(確認)(하)[화긴]	确认, 肯定
C	動 확인되다[화긴-]	被确认
B	動 확인하다[화긴-]	确认
C	名 확장(擴張)(하)[-짱]	扩张, 扩充
C	名 확정(確定)(하)[-쩡]	确定
B	名 환갑(還甲)	花甲, 六十寿辰
B	名 환경(環境)	环境

C	名 환경오염(環境汚染)	环境污染
B	名 환영(歡迎)(하)	欢迎
C	動 환영하다(歡迎-)[화녕-]	欢迎
C	名 환율(換率)[-뉼]	汇率
A	名 환자(患者)	病人
C	形 환하다	❶亮, 明亮 ❷鲜艳 ❸明显
C	名 활기(活氣)	朝气, 活跃, 生气
B	名 활동(活動)(하)[-똥]	活动
B	動 활동하다(活動-)[-똥-]	活动
B	形 활발하다(活動-)	活泼
C	動 활발해지다(活潑-)	活泼起来
C	副 활발히(活潑-)	活泼地
C	名 활용(活用)(하)[화룡]	活用, 利用
B	動 활용하다(活用-)[화룡-]	利用
C	副 활짝	❶盛, 怒(花开的样子) ❷大(门开)
C	名 회(回)	回
C	名 회견(會見)(하)	会见, 会晤
C	名 회관(會館)	会馆
C	名 회복(回復)(하)	恢复

C 動 회복되다(回復-)   恢复

B 動 회복하다[-보카-]   恢复

A 名 회사(會社)   公司

B 名 회색(灰色)   灰色

B 名 회원(會員)   员

C 名 회의(懷疑)(하)[-이]   怀疑

A 名 회의(會議)(하)[-이]   会议

B 名 회장(會長)   会长

C 名 회전(回轉)(하)   ❶旋转 ❷周转

B 名 회화(繪畫)   绘画

C 名 횟수(回數)[회쑤]   回数, 次数

B 名 횡단보도(橫斷步道)   人行横道

B 名 효과(效果)   效果

C 名 효과적(效果的)   有效的

C 名 효도(孝道)(하)   孝顺

C 動 효도하다(孝道-)   进孝

C 名 효율적(效率的)[-쩍]   高效的

C 名 효자(孝子)   孝子

A 名 후(後)   ❶后 ❷以后

C 名 후기(後期)   后期

C 名 후반(後半)   后半

B	名	후배(後輩)	❶后辈, 晚辈
			❷晚期的同学
C	名	후보(候補)	候补
B	名	후춧가루[-춘까-]	胡椒粉
C	名	후회(後悔)(하)	后悔, 懊悔
B	動	후회하다(後悔-)	后悔, 懊悔
C	名	훈련(訓鍊)(하)[훌-]	训练
B	形	훌륭하다	很好, 了不起, 优秀
C	動	훔치다	偷
B	副	훨씬	更
B	名	휴가(休暇)(하)	休假
C	名	휴식(休息)(하)	休息
A	名	휴일(休日)	假日
A	名	휴지(休紙)	废纸, 卫生纸
A	名	휴지통(休紙桶)	垃圾箱
C	名	흉내	仿效, 模仿
C	動	흐려지다	变混浊, 变阴沉
B	動	흐르다	流
C	名	흐름	流
B	形	흐리다	阴沉
C	動	흐리다	浑浊

ㅎ

C	名 흑백(黑白)[-빽]	黑白
C	名 흑인(黑人)[흐긴]	黑人
B	動 흔들다	❶摇, 摆 ❷挥动 ❸震撼
C	動 흔들리다	动摇, 振动
C	名 흔적(痕跡)	痕迹, 足迹
C	形 흔하다	多的是, 有的是
B	副 흔히	常常, 经常
B	動 흘러가다	流走
B	動 흘러나오다	流出来
C	動 흘러내리다	流下来
B	動 흘리다	❶流 ❷撒 ❸当耳边风
B	名 흙[흑]	土
B	名 흥미(興味)	兴趣
C	形 흥미롭다(興味-)[-따]	兴致勃勃
C	名 흥분(興奮)(하)	兴奋
C	動 흥분하다(興奮-)	兴奋
C	動 흩어지다[흐터-]	分散, 散开
C	名 희곡(戲曲)[히-]	戏曲
B	形 희다[히-]	❶白 ❷皎洁

B	名	희망(希望)(하)[히-]	希望
C	動	희망하다(希望-)[히-]	希望
C	名	희생(犧牲)(하)[히-]	牺牲
C	動	희생하다(犧牲-)[히-]	牺牲
A	名	흰색(-色)[힌-]	白色
A	名	힘	力量, 力气
C	形	힘겹다[-따]	吃力的, 费劲的
C	副	힘껏[-껃]	尽力
A	形	힘들다	费劲, 吃力
C	動	힘들어하다[-드러-]	吃力, 费力
C	動	힘쓰다	用力, 努力
C	副	힘없이[히업시]	无力地
C	形	힘차다	充满力量, 朝气蓬勃

ㅎ

编著 李在郁

北京大学中文系博士肄业
现 北京侨民报纸 北京 Channal 编辑委员
「至上讲座」和「本周焦点」连载

韩国语必需词汇 **6000** `For Chinese`

초판 인쇄	2006년 7월 5일
초판 6쇄	2024년 6월 1일

저자	이재욱
편집	권이준, 김아영
펴낸이	엄태상
콘텐츠 제작	김선웅, 장형진
마케팅 본부	이승욱, 왕성석, 노원준, 조성민, 이선민
경영기획	조성근, 최성훈, 김다미, 최수진, 오희연
물류	정종진, 윤덕현, 신승진, 구윤주

펴낸곳	한글파크
주소	서울시 종로구 자하문로 300 시사빌딩
주문 및 교재 문의	1588-1582
팩스	0502-989-9592
홈페이지	www.sisabooks.com
이메일	book_korean@sisadream.com
등록일자	2000년 8월 17일
등록번호	제300-2014-90호

ISBN 978-89-5518-487-7 13710

KOREAN

For Chinese

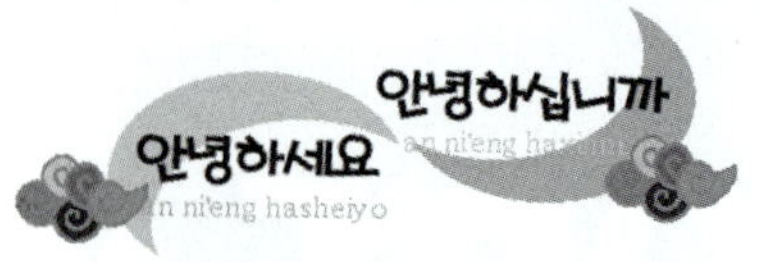

中国人学
韩国语入门

每一个结构，每一句话，
都是为学韩国语刚刚起步的您准备的

- 以韩国语初级学习者为对象
- 以作者独特的方式使学习者能够轻易地领悟到韩国语的发音
- 对韩国语中一些微妙的音变现象逐一加以详细说明

1,2册 各 15,000韩币（各包括磁带 2盒）

从语感和语义角度分析的国语词典
至今为止还没有!

从三个层面完整地分析词义

第一，对一词多解词加以详细注解

第二，国内首创彻底分析语感、语义

第三，对语义相近词的用法加以明确辨析

定价：15,000韩币